반드시 취업이 보장되는

# 이력서 & 자기소개서 작성법

김용환 지음

버들미디어

# '서류전형'의 핵심인 이력서와 자기소개서

이력서와 자기소개서는 소위 입사 시험에 첫 관문이라고 할 수 있는 '서류전형'의 핵심이다. 오늘 날 기업에서 사원들의 인성과 직무능력을 중요시하면서 필기시험 보다 서류전형과 면접을 중요시하고 있다. 무엇보다도 서류전형에서 합격점을 받지 못하면 면접을 볼 수가 없다. 서류전형이 그만큼 중요한 것이다. 그런데 이 중요한 서류전형에 있어서 핵심이 바로 이력서와 자기소개서이다.

시대가 발전하면서 옛날의 인사서식 1호에 해당하는 이력서로는 첫 관문에서 통과하기가 어렵다. 옛날의 이력서는 매우 형식적이므로 지원자의 특성을 제대로 파악할 수가 없기 때문이다.

오늘 날처럼 취업이 어려운 시대에 무엇보다도 서류전형에 합격하기 위해서는 이력서와 자기소개서가 남다른 특이한 무엇이 있어야 인사담당자의 눈에 뜨일 수 있는 것이다.

이력서와 자기소개서는 세상을 살아온 당신의 치열한 삶의 발자취가 들어있으면서 당신을 프리젠트하는 경력제안서이기도 한 것이다.

이력서와 자기소개서를 작성하는 것이 그렇게 쉽지만은 않다는 것에 문제가 있다.

10초안에 인사담당자의 눈을 사로잡아야 하는 이력서와 다른 사람들 특히 당신이 일하기를 원하는 기업의 간부들로부터 이해를 구하고 취업을 바라는 글인 자기소개서 쓰기는 굉장히 까다로운 글쓰기이다. 그래서 많은 사람들이 서류전형에서 이력서와 자기소개서가 중요하다고 하면서도 제대로 된 안내서가 없는 것이다.

본서는 이력서와 자기소개서를 어떻게 써야 할까를 고민하는 분들, 즉 취업을 꿈꾸는 분들을 위해서 쓰여 진 것이다. 따라서 이 책은 새로운 분야를 이끄는 안내서에 불과하다.

이력서와 자기소개서를 쓰는 데 익숙하지 못하여 고민하는 많은 입사지원자들에 조금이나마 도움을 드리기 위해 본서를 썼다.

아무쪼록 본서를 읽고 독자들이 이력서와 자기소개서를 쓰는데 익숙하여 훌륭한 이력서와 자기소개서를 작성하여 취업의 관문인 서류전형에 합격의 영광을 누리기를 바란다.

필자

# CONTENTS

# 제2부 자기소개서 작성법

## Ⅰ. 자기소개서 작성에 앞서 알아야 할 사항

## Ⅱ. 취업이 보장되는 자기소개서 작성비결

# 제1부 이력서 작성법

### -10초 안에 승부를 걸어라

# I
## 이력서 작성 전에
## 반드시 알아야할
## 사항

# 1
## 이력서의 의미

이력서란 자신의 발자취를 체계적으로 되돌아보고 요약해서 쓴 것을 말한다. 특히 경력자의 이력서가 경력 중심으로 작성되어야 하는 것은 당연하다. 이력서를 하찮은 것으로 여기는 사람도 있지만 자신의 능력과 기술을 판단할 기준을 제시하는 이력서는 그리 간단한 것이 아니며, 오늘날처럼 면접을 중요시하는 시대에 있어서 이력서는 매우 중요하다.

프로페셔널한 직장인은 단 한 줄의 이력을 쓰기 위해 고민한다. 자신을 과대포장하거나, 겸손해하지도 않는다. IT 종사자라면 자신의 홈페이지를 이력서로 삼아도 좋다. 많은 사람들이 뭔가 튀는 이력서를 고집하는 경향이 있다. 하지만 이력서가 너무 튀면, 경력이 많은 사람의 경우, 그것을 오히려 가리는 역할을 할 수도 있다. 다시 말하면 중용의 미가 필요하다는 것이다.

이력서가 얼마나 객관적으로 서술되었는지, 아니면 어떤 부분을 빼고 어떤 부분을 강조했는지가 매우 중요하다. 따라서 이력서를 쓰기에 앞서 자신이 계획적인 삶을 살고 있는지 되돌아보자. 일기를 쓰듯 자신의 프로젝트나, 자격증, 그리고 상장 등 자신이 후에 취업하는 데 중요한 실적들을 기록해 두어야 한다. 그래야 새로운 이력서를 쓸 때 구체적인 내용을 보다 사실에 가깝게 자세히 적을 수 있다. 이런 기록을 해놓지 않으면 급하게 기록하면서 빠뜨리는 수가 많다.

그러나 무엇보다 중요한 점은 충분한 시간적 여유를 가지고 차분하게 작성해야만 내용도 충실하고 군더더기 없는 이력서가 되는 것이다. 자신이 지원할 분야별로 여러 통의 이력서를 작성해 놓고 필요할 때 사용하는 것이 지혜로운 방법이다.

이력서란 자신이 어떻게 살아왔는가를 담는 것이다. 정말로 취직에 성공하기를 원하는 사람은 읽기 편한 이력서, 상식이 통하는 자기 소개서를 써야 한다.

갓 대학에 입학했을 때 한 번쯤 자기 소개서를 작성하라는 과제를 받은 경험이 있을 것이다. 자기 소개서를 작성하면서 무엇을 써야 할지 답답함을 느꼈을 것이다. 그 이유는 먼저 자신에 맞는 이력서 형식에 대한 이해 없이 무조건 자기 소개서를 썼기 때문이다. 그 당시에는 당연히 경력이 적었고, 따라서 신입 형식에 익숙해졌던 것이다. 하지만 시간이 지나 경력이 쌓였을 때는 신입 형식을 고수할 필요는 없다.

# 2

## 이력서의 종류

이력서는 일반적인 표준으로 알려진 '인사서식 1호'라는 구시대적 이력서가 있기는 하지만 오래 전에 무용지물이 되었다. 더욱이 올바른 자기 소개서를 쓰기 위해 일반적인 규칙이나 표준이 없다 보니 모범이 될 만한 모델을 찾는 것조차 어렵게 되었다.

많은 사람이 이력서나 자기 소개서의 전반적인 구성이나 내용에 대해 굳이 심리적 모델을 세우려 하지 않는다. 하지만 모델을 만들면 이력서나 자기 소개서가 어떻게 만들어지고 어떤 이력서가 읽히는지를 이해하는 데 큰 도움이 될 것이라는 점을 알아야 한다.

이력서의 모델은 외국의 경우에 비추어 네 가지로 정리할 수 있다. 물론 우리 나라 이력서 형식과 자기 소개서는 외국의 레쥬메 형식이나 커버레터의 형식과는 상이하다. 따라서 외국의 형식을 차용하여 우리 나라 이력서 모델을 나름대로 정리하려는 것이다. 이력서 모델은 자기 소개서 모델과도 연관성이 있다는 것을 유념하자.

### 📖 학력 위주의 이력서

이것은 일반적으로 볼 수 있는 '인사서식 1호'에 가까운 전형적인 이력서이다. 신입이나 경력이 적은 사람에게 경력보다 학력을 강조할 때 유리한 형식이다. 고등학교 졸업부터 현재 상황까지 적어가는 이력서이다. 물론 자기 소개서도 학력 위주로 작성된 형태가 있는데 대부분 신입인 경우에 많이 쓰인다.

학력 위주의 이력서를 쓸 때 신입의 경우 '학력 및 경력 사항'은 경력 사항을 쓸 것이 없는 경우가 많으므로 '학력 사항'으로 고친다. 그 외에 자신이 필요시 '특기 사항', '자격 사항', '상장', '교육 이수' 등의 난을 추가해서 작성하면 된다.

### 📖 연대기식 이력서

경력자는 보통 '학력 사항'보다 '경력 사항'에 내용을 많이 할애한다. '연대기식 이력서'란 경력 중심으로 연대순으로 나열한 이력서이다. 외국에서는 역사적 자기 소개서라고도 부른다.

연대기식 이력서는 작성하기 쉬울 뿐더러 보기에도 편하다. 특히 경력이 일관적이고 안정적일 때, 성공적인 승진 과정을 강조할 때, 또한 여러 회사에 공통으로 사용하고 있는 이력서라는 점에서 강점이 있는 이력서 형식이다. 하지만 경력에 공백이 있을 경우, 너무 눈에 띈다는 단점도 있다.

희망 직종과 관련이 있는 경력이나 업적 등을 순서대로 쓰는 형식으로 경력이 많은 경우에 적절하고 커리어 성장을 나타낼 수 있다. 경력이 너무 많은 경우에는 요약본을 붙일 수도 있다. 이 형식은 비교적 임원직이나 간부급에 적합하다. 본인의 경력이 5년 이상이라면, 연도별 방법이 좋다. 최근 경력을 제일 위에 놓고 과거 경력까지 거슬러 올라가는 것이다. 최근 일하던 직장, 회사명, 기간 그리고 책임 부분을 기술한다.

예를 들면, "200△. 5. 2 (주)ABC벤처 입사, 200×년 5. 10 (주)희망벤처 퇴사"처럼 단순하게 쓰지 말고, "200△. 5. 22 ~ 200×. 5. 10 (주)희망벤처 인터넷사업부 컨텐츠팀 팀장 근무" 식으로 구체적으로 작성하는 게 좋다.

'역연대기식 이력서'는 최근 경력을 강조할 때 유리한 형식이다. '역연대기식 이력서'는 최근 경력부터 과거로 거슬러 올라가는 형식으로 경력의 성장을 한눈에 보여준다. 하지만 특정 직무나 능력, 업적 등이 한눈에 보이지 않는 단점을 가지고 있다. 경험에 초점을 맞추고 가장 최근 경력부터 언급하면 아주 좋은 점수를 받을 수 있다.

## 🖋 직무 중심의 이력서

　연대와는 관계 없이 특정 직무를 중심으로 모아서 쓰는 이력서이다. 직무 중심의 이력서는 고용인이 필요한 부분만 선택해서 읽을 수 있는 형식으로, 경력이 단순하여 내세울 것이 별로 없는 사람이 사용하는 이력서로 간결하고 정리된 느낌을 준다. 일류 회사에서의 직무 경력을 강조하고 싶은 경우, 회사별로 쓰면 적합하다. 특수 기능을 지니고 있는 전문직에 대해서는 그 전문성을 돋보이게 하는 데에 매우 적합한 이력서이다.

　예를 들면, 재무, 경리, 관리 등 관리직에 대해서 각종 직무 경험을 통합해서 전체적으로 파악하는 데 적절하다.

　단점으로는 경력을 전체적으로 한눈에 알 수 없고, 내용에 깊이가 없어 보여 뭔가 숨기려는 인상을 줄 수 있다. 회사를 그만둔지 오래된 경우, 직장을 자주 옮긴 경우, 한 회사에만 오래 있었던 경우 등에 직무 중심의 이력서를 작성하면 좋다.

　직무 중심으로 작성하는 방법은 연도별 서술이나, 회사명에 중점을 두는 것이 아니라 경력이 아닌 직무 능력에 초점을 두어 자세하게 쓰는 것이다. 경력을 바꾼 경우 또는 현재의 직무가 본인이 지원하려는 회사와 조금 다른 경우에 사용하면 유용한 방법이다.

## ☑ 혼합형 이력서

구인자가 찾는 특정 기능을 강조하고 싶을 경우, 연대기식 이력서에 직무를 추가할 경우, 한 회사를 목표로 능력을 보여주고자 할 때 쓴다. 실무에서 사용하는 경력과 기술을 깊이 있게 보여 줄 수 있다. 자칫 혼합형 이력서는 산만하고 너무 길어질 수도 있다. 경력이 뒷 장으로 넘어가 버리면, 구인자의 관심을 끌지 못하게 될수도 있다. 꾸준히 회사와 더불어 잘 성장하고 있다면 연대기식과 직무 중심 이력서를 혼합하여 쓰면 좋다. 혼합형은 개인의 이력을 요약하면서 목표에 맞는 본인의 역할과 책임을 기술하면 된다.

# II
# 성공하는 이력서
# 작성 요령

# 1

## 이력서의 사진이 첫인상이다

취업에서 첫인상이 중요하다고 하는 것은 취업을 해본 사람은 누구나 아는 사실이다. 대부분의 사람들이 첫인상하면 면접을 떠올리지만 실제는 그렇지 않다.

실제 취업에서의 첫인상은 이력서의 사진이다. 이 사진을 통한 첫인상은 1차 서류전형에서 상당한 영향을 미친다. 오늘날 인터넷 입사지원이 일반화되면서 이력서와 자기 소개서에 걸리는 시간이 짧아지고 있다. 최근에는 TV 광고 시간인 30초 정도로 예상하고 있다.

사진 첨부는 종이와 전자문서에 따라 다르다. 우선 문서로 지원서를 제출할 경우에는 사진을 정해진 사이즈에 맞추어 가장 보기 좋은 상태의 비율로 붙여야 한다. 사진의 모서리에는 풀 흔적이 남지 않도록 하며, 특히 빛바래거나 오래된 사진은 피해야 한다.

인터넷상으로 지원서를 제출할 경우에는 포토샵과 같은 이미지 편집 프로그램을 이용해 정해진 크기와 사이즈로 편집하는 계절에 맞는 사진을 이용하는 것도 필요하다. 사진이 몇 개월 지난 것을 써도 무방하지만 적어도 시즌에 맞는 복장을 선택하는 것이 중요하다.

아무리 입사 지원서와 자기 소개서에 많은 시간을 할애하여 좋은 작품을 만들었다고 할지라도 사진 속의 인물이 때가 지난 복장을 하고 있으면 입사 지원서는 빛바랜 사진만큼 오래된 것으로 오해받을 수 있다.

인사 담당자는 이력서를 볼 때 사진에서 첫인상을 받은 후 객관적으로 확인할 수 있는 정보와 직무에 필요한 사항을 검토하기 위해 시선이 움직인다. 그 순서는 '학력 사항(전공 포함)' '토익 점수' '자격증' '경력 사항' 등이다.

학력이나 경력 같은 단순 선택 또는 단순 정보 입력의 경우에는 실수 없이 기입하면 된다. 그러나 단어 등을 기입해야 하는 항목에는 용어 선택에 더욱 주의해야 한다.

이력서의 용어 선택은 생각보다 훨씬 중요한 의미를 지니며, 이 선택 하나로 같은 시간에 투여한 경력이 얼마든지 달라질 수 있다.

이력서에서의 추상적인 용어, 예를 들어서 성실한, 탁월한 등의 용어는 설득력이 떨어지고 인사 담당자의 기억에 남지 않게 된다.

예를 들어서 '봉사활동'에 대해서 나타낼 때에도 봉사활동의 유무가 아니라 봉사활동 시간과 주기 등에 대해서 정확하게 표현하는 것이 이력서에서의 필요한 정보이다.

# 2

## 읽히는 이력서

이력서와 같은 문서를 통한 경쟁에서는 읽히도록 하는 것이 가장 중요하다. 인사 담당자들이 읽도록 하기 위해서는 한자, 영어 등의 외국어와 숫자 등을 적절히 활용하는 것이 바로 기술이다. 다만, 자신이 아는 영어나 한자를 쓰는 것이 아니라 직무에 관련된 자신의 장점이나 강조할 부분에서 적절하게 사용해야 인사 담당자들의 눈에 띄어 그들이 읽게 되는 것이다.

└┘ 읽히는 이력서 작성 요령

① 외국어와 숫자는 강조할 부분에 사용한다.
영어와 한자, 제2외국어 등은 강조할 부분에 사용한다. 수치화된 정보도 가장 강조하고 싶은 부분에 쓰는 것이 좋다.

② " " 〈 〉 ( ) + = 등의 문장 부호를 사용하여 인사 담당자가

집중하도록 한다.

문장 부호를 제대로 사용할 수 있는 것도 글쓰기 능력이다. 문장의 이해와 집중력을 높일 수 있는 문장 부호를 적절히 사용한다.

③ 줄 간격 및 행간을 염두에 둔다.

자유 형식 이력서를 쓸 때에는 조밀하게 구성된 이력서는 읽기 싫은 경우에 해당된다.

④ 맞춤법 검사와 오·탈자 확인은 필수적이다.

업무에 실수가 용납되지 않음으로 회사와의 첫만남인 이력서에서 오·탈자나 맞춤법이 틀리는 실수는 절대로 용납되지 않는다.

⑤ 인터넷에서 사용되는 용어는 사용해서는 안 된다.

회사에서 젊은 사람들의 문화로 이해해 주기를 바라는 마음에서 이런 용어를 쓰는 경우가 있는데 이것은 절대로 통하지 않는다.

⑥ 이력서를 다 쓴 다음에 다음 사항을 반드시 확인한다.

- 상대가 원하는 비즈니스 언어로 상대가 원하는 정보를 작성했는가?
- 취업사이트로 지원하지 말고 지원사에 맞춘 워드로 편집된 이력서를 작성했는가?
- 공란을 없애고 용어 선택의 적합성과 오타 확인을 했는가?

# 3
## 최상의 준비된 이력서

이력서가 회사로 제출된 후 어떤 운명에 놓여 있는가에 따라 그 사람의 운명도 달라질 수 있다. 어떤 이력서는 즉각적인 결과로 나타나지만 대다수의 이력서는 흔적도 없이 사라진다.

그런데 회사에서 이력서를 담당해 본 인사 담당자들에 의하면 어떤 이력서는 확실한 실패를 보장하고 있다고 한다. 즉 치명적인 결함을 안고 있는 이력서가 많다는 것이다. 심지어 아주 훌륭한 능력을 가지고 있는 지원자가 수준 미달의 이력서를 제출하는 경우가 많다는 것이다.

취업에 성공하는 사람들은 반드시 최고의 자질을 갖춘 사람이 아니라, 이력서를 잘 쓰기 위해 최상의 준비를 위해 노력한 사람들임을 명심해야 한다.

# 4

## 이력서 작성의 10대 기본 원칙


□ 인사 담당자의 검문을 통과하는 이력서를 작성한다

이력서는 이메일을 통해 보내든지 팩스나 우편으로 보내든지 반
드시 회사의 검문을 통과해야 한다. 즉 채용부서의 담당자의 손에
들어가기 전에 인사 담당자의 검문부터 통과해야 한다. 인사 담당
자의 검문을 통과하지 못하면 면접 기회마저 주어지지 않는다.


□ 10초를 잡아야 한다

대부분의 인사 담당자들은 약 10초 내에 인터뷰할 필요성을
이력서에서 찾지 못하면 그 이력서는 휴지통으로 보낸다. 무미
건조한 이력서는 누구라도 읽기 싫어한다. 인사 담당자들은 가능
한 한 빨리 이력서를 휴지통에 버리고 싶어한다.
인사 담당자들은 의심과 견제의 눈초리로 이력서를 읽다가 특별

한 의심이나 궁금증이 들었을 때 전화를 거는 수고를 하지만 그렇지 않으면 간단하게 다음 이력서로 넘어간다.

### 인사 담당자의 입장에서 이력서를 써라

이력서를 작성할 때는 인사 담당자가 염두에 둔 자격 기준을 먼저 생각하고, 자신의 이력서를 검토할 상대의 입장에서 작성해야 하는 것이 이력서 작성의 기본 원칙이다.
자격 지수 80%가 넘는 인재로 올라가기 위해서는 이력서를 설득의 광고라는 생각으로 접근해야 하고, 상대의 입장에서 생각하고 이력서를 작성해야 한다.

### 자질을 나타내는 이력서를 써라

당신이 아무리 뛰어난 인재라 할지라도 그것이 나타나 있지 않으면 당신의 재능은 가치가 없다. 당신의 재능, 기술, 자격 등이 제대로 나타나 있는 이력서를 작성하라.

### 1페이지에 다 써라

커버 레터와 자기 소개서가 있다고 할지라도 그것은 결코 1페이지의 이력서를 대신하지 못한다. 첨부 서류에 불과하다.

만약 경력 사항이 많아서 1페이지에 다 쓰지 못한다면, 1페이지에는 요약, 다음 페이지에서 세부 사항을 기록하라. 만약 채워야할 사항이 너무 많아서 넘칠 때에는 '계속해서'를 첫장 맨 밑줄 오른쪽에 적어두고 '이름'과 Page 2'를 둘째 장 맨 위에 적어 두어라.

한 장의 A4용지에 다 쓰지 못할 이력서는 없다.

## 시선을 끄는 헤드라인을 뽑아라

이력서에 표현되는 각 라인은 당신의 인생을 리드하는 문장이다. 이력서는 첫줄에서 대부분 승부가 난다.

이력서 리뷰는 몇 라운드 진행되는 경기가 아니다. 첫줄에 모든 것이 들어가야 한다. 매우 복잡다단했을 당신의 사회생활을 단 한 줄로 압축해 내는 능력을 인사 담당자들은 보고 싶어한다.

헤드라인에서 더 읽을지 말지를 인사 담당자들은 순간적으로 결정하게 된다. 1단계에서 상대의 눈을 잡으면 절반은 성공한 것이다.

## 경력은 현재부터 이전 경력순으로 써라

현업의 인사 담당자들은 지원자가 지금 무엇을 하고 있는지를 궁금해한다. 지금까지는 대부분 과거로부터 현재로 거슬러 올라오며 기술해 왔다. 그러나 새로운 방식이 필요하다는 사실이 밝혀졌다. 이런 방식의 서술은 폐기해야 한다.

*현재부터 써라. 당신이 어느 고등학교를 졸업했는지는 오늘날 사회적 커리어를 만드는 데 아무런 영향을 미치지 못한다.*

인사 담당자들은 당신이 현재 무슨 일을 하고 있는지 알고 싶어한다. 그 니즈에 맞춰 직장에 관한 것이든 학교에 관한 것이든 이력을 재배치되어야 한다.

### 📝 문방구 판매용 이력서는 절대로 쓰지 말라

문방구용 이력서는 PC가 없던 시대나 사용할 수 있는 것이다. 그런 양식으로 당신은 결코 자신을 드러낼 수 없다. 감각 면에서도 뒤처진다. 이런 문방구 판매용 이력서로는 자기를 알리기에는 부적절하다. 또 작성자의 입장에서도 매번 수작업을 해야 하는 번거로움이 있다.

### 📝 커버 레터는 간단명료하게 쓴다

커버 레터는 간단한 글이다. 최소한 내용의 서술로 당신이 하고자 하는 중요한 말을 가장 효과적으로 전달할 수 있는 효율성이 극대화된 문서여야 한다.

첫눈에 확 끌려야 한다. 커버 레터는 이력서와 함께 제출하는 자기 홍보용 서류이기 때문이다. 쓰는 목적은 이력서의 내용을 보충적으로 설명함으로써 자신을 드러내고, 더불어 인사 담당자가 자신의 이력서를 좀더 주의 깊게 보도록 배려하기 위함이다. 다시 말해 이력서에 할당된 10초를 더 얻어냄으로써 인사 담당자의 관심을 환기시키기 위한 서류이다.

따라서 이력서에서 다하기 어려운 내용들, 예컨대 지원 동기 및 경위 등을 압축해서 표현한다면 인사 담당자는 당신에 대해서 호감을 갖게 될 것이다.

〈커버 레터의 작성 요령〉

· 가능한 A4 용지 절반에서 한 장을 넘지 않는다.
· 이력서 앞에 붙인다. 즉 커버 레터-이력서-자기 소개서 순이다.
· 이력서와 마찬가지로 신상에 관해서는 이름, 주민등록번호, e-mail, 집 주소, 전화번호, 휴대폰 번호 등을 적는다.
· 작성 형식은 날짜, 수취인, 서두, 본론, 결론, 서명의 순서로 하면 된다.
· 굵은체 등을 써서 눈에 띄게 한다.
· 커버 레터를 받는 사람의 담당자 이름을 써라.

## 감사의 편지를 보내라

면접 후 상대의 초대에 당신이 후속 편지로 감사의 노트를 보내는 것은 성공적인 입사에 효과적으로 사용될 수 있다.

감사의 노트는 사실상 정답이 없다. 면접시 눈치를 봐서 발송 여부를 결정할 필요도 있다. 이런 서류들은 자신의 적극성을 보여줄 수도 있지만 조르는 듯한 기분을 줄 수도 있다.

그러나 보내기로 마음먹었다면 면접 후 48시간 이내에 보내는 것이 좋다. 그래야 상대방은 당신을 기억해낼 수 있다. 그 안에 들어갈 내용은 면접 기회를 준 것에 대한 감사와 함께 일하게 되기를 바란다는 열의를 강조해도 무방하다.

# 5

## 이력서 작성시 올바른 단어의 선택 방법

온라인 이력서는 대부분
정보 기입 위주지만, 자유 형식 이력서는 단어 선택을 바탕으로
한 개조식 이력서 작성이 가능하다. 이 때 단어 선택을 어떻게 하
느냐에 따라서 개인의 경력 전달이 달라진다.

효과적인 단어 선택 방법에 대해서 알아보자.

🗔 공모전에 입상하여 그것을 이력서에 활용할 때

이력서에서 공모전 관련 작성 포인트는 직무 수행 능력에 대한
검증된 능력 위주로 단어 선택을 해야 한다.

공모전 수상 내역과 자격증이 있을지라도 그 결과만 집중적으로
작성하면 원래 의도한 효과보다 효력이 없을 수도 있다. 자신의
직업적 직무를 수행하기 위해서 필요한 자격증을 준비한 사람과
취업을 목적으로 자격증을 딴 사람에 대한 평가하는 시각이 다르

다.

또 공모전에서 수상했다는 자기 자랑이나 자만심은 자칫 역효과를 가져올 수 있다. 공모전의 경우에는 준비 과정과 경쟁에서 얻게 된 성취와 성과에 대한 설명이 중심이 되어야 한다.

 ⏎ 경쟁률과 심사 기준을 기입하여 가치를 높인다

이력서에 단순한 수상 결과만 기입할 경우, 인사 담당자 입장에서는 그 가치를 모를 수 있다. 그러나 심사 기준을 기입하면 자신의 능력을 보이는 데 효과적일 수 있다.

 ⏎ 지원하는 분야에 관련된 객관적 정보를 많이 수집한다

이력서는 지원하는 분야에 대한 객관적 정보를 최대한 모아서 지원 분야에서 가장 적합한 인물이라는 것을 증명하는 문서라는 것을 명심해야 한다.

# 6
## 온라인으로 입사 지원을 할 때 유의해야 할 사항

### ◌ 접수기간 중간에 넣는 것이 가장 안정적이다

온라인 입사 지원은 모집회사 자체에서 하는 경우도 있지만, 취업 포털 회사에 외주를 주어 진행하는 경우도 있다. 이를 확인할 수 있는 가장 기초적인 방법은 채용 공고가 나와 있는 항목에 문의 전화 및 메일 주소를 보면 알 수 있다. 만약 외주 회사가 채용을 대행하는 경우에는 선처의 의지가 아주 없다고 봐도 과언이 아니다. 외주사는 객관성을 유지하지 못하면 더 큰 문제가 될 수 있기 때문에 기준에 부합하지 못한 결과나 정보에 대해서는 원칙대로 처리한다.

온라인 입사 지원은 등록된 순으로 정리하기 때문에 중간에 넣는 것이 조금이라도 유리하다.

### ◌ 사진 첨부는 회사에서 요구하는 대로 올려야 한다

앞에서 사진의 중요성에 대해서 언급했지만, 사진 자체도 중요하지만, 회사에서 지정한 사이즈와 파일 포맷, 용량을 준수해야 한다. 사이즈가 맞지 않을 경우 얼굴이 늘어지거나 옆으로 퍼질 수 있다. 인사 담당자 입장에서는 우스운 모습을 보게 되고 당신의 컴퓨터 활용 능력을 의심받게 된다.

ⵑ 화면의 작은 글씨 하나도 샅샅이 뒤져라

회사마다 인터페이스가 다르기 때문에 잘 살펴야 한다. 간혹 가산점을 줄 수 있는 항목을 보지 못하고 지나쳐서 손해를 보는 경우도 있다. 모니터 곳곳을 살펴서 피해를 입지 않도록 해야 한다.

# III
# 긍정적인 결정을
# 얻어내는
# 이력서의 조건

# 1

## 깔끔하고 매력적인 이력서

인사 당당자의 손에 들린 이력서는 단 10초밖에 시간이 주어지지 않는다. 그들은 '쓱 보고 휙 던진다.' 상대방이 서로를 볼 수 있도록 고안된 미끼, 그가 인내심이 있을 것이라고 생각하면 그것은 완벽한 오산이다. 대신, 뭔가 꽉 붙게 만들어 놓기만 하면 그를 잡아당길 수 있다. 10초에서 단 1초라도 더 인사 담당자의 눈을 이력서에 머물게 하면 일단은 성공인 셈이다.

명심해야 할 점은 상대방은 이 세상에서 제일 바쁘다는 것이다. 그는 다른 지원자의 이력서를 보고 있거나, 인사 보고서를 작성하고 있고, 점심 약속을 점검하거나, 잡다한 회의 자료 준비 등으로 너무도 바쁘다. 그런 '짬'에 그는 이력서를 '시간 내서' 보고 있는 것이다. 그 시간의 틈새에 정확하게 1페이지 서류가 꽂히게 하려면, 적어도 이력서는 1만 원 권 지폐와 같은 마력을 지니고 있어야 한다.

마력을 불어넣어라

당신의 이력서에 마력을 불어넣어라. 그러기 위해서는 우선, 회사에서 이력서를 제출하라고 하는 이유를 제대로 알아야 한다. 인사 담당자는 지원자가 어떤 사람이며, 능력이 어느 정도나 되는지를 알고 싶어한다. 따라서 상대방이 원하는 내용에 맞게 작성되어야 하는 것은 가장 기본적인 요소이다. 다시 말해 정답이라는 것이 분명히 있다는 말이다. 그 정답을 인사 담당자는 바쁜 시간에 알맞게 간결하고, 명확하게 확인해 보고 싶은 것이다.

그들은 이력서만큼이나 당신이 실제로도 그런 사람이기를 바라기 때문에 우선 서류 자체도 깔끔하고 매력적이어야 한다. 또 가볍지 않으면서도 세련되어야 한다.

처음에는 누구나 선입견에 호소한다. 하지만 그것이 부정적일 때에는 피해 나가야 한다. 따라서 당신은 그의 귀한 시간을 쓰고 있다는 사실에 감사하면서, 시간의 밀도를 높여 주어야 한다. 만일, 뻔한 짓으로 장난을 치려 한다면 짜증 난 그는 반드시 당신의 이력서를 그 자리에서 찢어 버리고 말 것이다.

상대방은 시간이 없다. 당신은 이력서를 통해 세상에서 가장 바쁜 사람의 10초를 사는 것이다. 그가 할애하는 시간은 단 10초, 그것을 명심하자. 간결함, 명확함이 긍정적인 결정을 돕는다. 서류 실사에 통과하지 못하는 이력서는 휴지통으로 곧바로 직행한다. 그들은 그것을 '쓰레기' 라고 부른다.

35

# 2
## 잘 정제된 이력서

이력서는 성공적인 사회 생활을 위해 매우 중요한 참여 티켓이다. 세상에 뛰어들기 위한 초대장을 스스로 만들어 잠재 초대자들에게 배포하는 것이다. 그런데 아직도 문방구용 이력서나 간단한 위딩 정도로 이력서가 마무리될 수 있다고 생각한다면 오산이다. 초대장은 초대받지 못하면 아무짝에도 쓸모없는 휴지 조각에 불과하다.

이력서 통해 진정 자기를 소개하고자 한다면, 스킬과 함께 용기가 필요하다. 당연히 설득력이 있어야 한다. 많은 자기 소개서가 자기 소개가 아닌, 남의 소개에 급급해한다. 마치 남과 같아지지 않아서, 남의 삶을 살지 못해서 못 견디는 것 같이 보인다. 자신만의 그 무엇이 빠져 있다.

자신의 얘기를 써라. 당신의 가장 짧고 강한 설득력 있는 얘기를, 남이 두 눈을 부릅뜨고 주목할 만한 자기 애기를 쓰는 것이 눈길을 끈다. 지원하는 회사의 면접관이 이력서를 보고 "그런데, 이건 뭐요? 여기에 적은 이 이력은 말이요?" "왜 동티모르에 갔었던 거요?" 라고 물을 수 있게끔 써라. 아니면 "이전 회사에서 영업 실적이 뛰어나셨는데 옮기려는 이유가 뭔지 알고 싶습니다. 말씀해 주시겠어요?" 라고 묻게 하라. 상대방에게서 나오는 이런 질문이 당신을 면접 장소로 초대한다.

인사 담당자들이 가장 선호하는 이력서는 '잘 버린 이력서' 이다. 쓰고 싶은 이야기를 다 쓴 이력서가 아니라, 잘 정제된 서류다. 사실 그들은 당신의 이력이 선택과 집중의 과정을 충분히 거친 것인지를 보고자 한다.

1 페이지 이력서는 당신의 이야기를 10초 내 리뷰하도록 하는 스토리 보드(story board)와 같은 역할을 한다. 말하자면 이것은 당신의 삶은 매우 질서정연하며 압축되어 있다는 것을 의미한다.

# 3

## 긍정적인 감응이 일어나는 이력서

성공 예감이 드는 이력서
가 있다. 느낌이 팍팍 온다. 이런 느낌은 호감에서 나오며, 호감은
분명 성공을 위한 하나의 장치임에 틀림없다. 1페이지 이력서에는
'사실'이 있는 게 아니다. 거기에는 다양한 형태의 느낌이 있
다. 감응이 있다.

당신과 인사 담당자 사이에는 이런 긍정적인 감응이 일어나야
한다. 질 좋은 향기가 나도록 자신의 이력을 갈고 닦아야 한다. 그
래야 누구나 욕심 내는 이력서의 주인공이 될 수 있다. 아무나 스
카웃 제의를 받는 것은 아니다. 아무리 작은 회사에서 받은 콜
(call)이라고 할지라도, 당신이 그런 전화를 받았다는 것은 당신의
사회생활이 매우 성공적이라는 것을 의미하며, 자기 삶에 자부심
을 갖게 만든다. 나는 초대받았다! 이런 느낌이 들기 시작하는 것
이다. 이때 자기 삶에 긍정적인 신호가 돌기 시작한다.

직장은 그렇기 때문에 중요하다. 직장은 우리가 세상과의 관계

를 설정하는 곳이다. 그런 관계 속에서 성공적인 사회 생활의 키워드가 찾아진다.

이력서는 지나온 과거에 대한 역사가 아니라 성공 비전을 제시하는 서류다.

"어디서 무슨 일을 해서 성공했다든가, 아니면 실패를 했으나 어떻게 개선해서 극복했다."는 애기가 설득력 있게 다가와야 한다. 공감할 만한 이력은 어디선가 흘러 보낸 시간의 기록이 아니라, 성공 예감이 드는 것이다. 이것이 전정한 자기 역사를 만든다. 성공하는 사람들의 이력에는 어려움과 좌절이 묻어 있다. 그러나 그 사람의 이력이 빛나는 것은 결국 하나의 분명한 메시지, 즉 성공을 보여주기 때문이다. 어떤 성공이든지 성공적인 이력은 과정에 있다.

### 📖 감을 잡는 이력서

감을 잡아라. 더 크게 성공하는 이력은 세상 밖에 있다. 그것을 향해 당신은 뛰어가야 한다. 직장 내 동료들의 평판은 학교 동창의 그 어떤 칭찬보다도 위력적이다. 성공적인 예감을 불러일으키는 이력서에는 몇 가지 특징이 있다.

인사 담당자들이 다음과 같은 느낌을 갖게 되는 이력서라면, 그것은 성공적인 취직 제안서의 조건을 충분히 갖추고 있는 셈이다. 즉 만일 당신의 이력서를 보고 '이건 뭔가 다른데' 하는 느낌을 받는 인사 담당자를 만나지 못했다면, 그건 그 회사와 특별한 인연이 없기 때문이라고 생각하면 된다.

상대방이 느끼게 될 이력서에 대한 성공 예감은 구체적으로 자신에 대한 느낌으로 이어진다. 그는 한 번도 본 적이 없는 당신을 1페이지 이력서를 통해 만나면서 많은 감정의 교차점을 지나게 된다. 호불호의 감정이 생긴다. 그의 이성은 감정을 통제하기만을 하는 것이 아니라, 방출하기도 한다.

훌륭한 내용으로 그의 관심을 끌게 될 것이라고 판단되더라도 결코 '스킬'에 둔감하지 말라. 선물할 때에는 포장 때문에 사는 경우도 있다. 그래서 '단맛' 나는 이력서가 필요하다. 무미건조하고 식상한 내용으로 시간을 끌지 말고 직접적으로 구애하라. 그럴 때 그는 당신을 한 번 더 보기라도 할 것이다. 그리고 한 가지 더 명심할 것이 있다. 그는 고용주가 아니다. 이 말은 크게 두 가지 의미로 해석된다.

당신에게는 그의 '거절'을 바꿀 재주는 없다. 있다면 한 가지 그가 당신에게 좋은 느낌을 갖도록 처음부터 호감 장치를 마련하는 것이다. 그것이 고용주인 체하는 그를 위한 최소한의 예의, 곧 '아첨'인 것이다.

# 4

## 인상 깊은 이력서

이력서를 받아든 인사 담
당자나 헤드헌트들은 사실 준비되어 있는 사람들이다. 그들은 당
신을 충분히 느끼고 싶어한다. 단, 10초 내에라도 말이다. 그들은
당신이 얼마나 매력적이며, 강하고, 진한 체취를 풍기고 있는 사람
인지를 알고 싶어한다. 지력과 경력 면에서 당신에게 흠씬 빠져
들고 싶어한다. 하지만 애써 할애한 10초가 열애를 일으키는 것은
고사하고 전혀 흥미조차 일지 않게 한다면 그것은 이력서 상의 문
제다. 그들에게는 별로 문제가 없다. 왜냐하면 설령 그들에게 문제
가 있다고 해도 당신이 그들을 해고하거나 그럴 수는 없지 않은
가. 할 수 없는 일은 그저 편하게 생각하라.

문제는 그들의 감정을 1페이지 서류를 통해 자극하고, 당신
에 대한 인상을 깊고 진하게 남기라는 것이다. 당신을 만나고
싶도록 말이다. 그들은 몇 가지 느낌에 매우 충실한 사람들이다.
이 10초라는 시간은 이성적 판단만큼이나, 감정이 지배하고 결정

하는 찰나다. 모든 이력서가 순간을 향해야 하는 이유가 바로 여기에 있다. 따라서 그들에게 풍겨야 할 당신의 이미지는 이10초를 잡기 위한 것이어야 한다. 10초 말이다.

그렇다면 이 촌각을 다투는 시간에 쐐기를 박아 넣기 위해서는 어떻게 해야 할까? 여기 몇 가지 원칙이 있다.

📖 인상 깊은 이력서를 만드는 방법

– 생산성이 팍팍 풍기게 하라.
게으른 구직자가 아니라, 뭔가 확실한 것을 생산해 내는 사람이라는 이미지를 강하게 풍겨라.

– 1페이지에 철저하게 자기 관리의 수준을 드러내라.
경력에는 '유효 경력'이라는 것이 있다. 나를 알아보게 하는 정보가 아니라면, 과감히 날려 버리라.

– '나의 경쟁력은 바로 이것입니다.' 라고 당당하게 말할 수 있는 그 무엇이 반드시 있어야 한다.

회사 내에서의 개인 경쟁력이 어떠했는지, 나의 어떤 점이 회사 발전에 기여했는지를 그들은 알고 싶어한다. 예컨대 성공적인 프로젝트 사례, 당신이 끌어올린 매출 또는 개발 등은 반드시 그들의 시선을 끌 것이다. 잊지 말자. 인사 담당자들도 자기가 원하는 것만 보고자 하는 편견에서 결코 예외가 아닌 평범한 보통 사람들이다.

- 깔끔하고 논리적이며, 당당하고 겸손한 글로 자기를 최대한 표현하라.

- 문장력을 마음껏 사용하라. 그러나 붓을 여러 번 댄다고 명화가 탄생하는 것은 아니라는 점을 명심하라. 조목조목 당신에 대해 알게 하되, 너무 현란해서는 안 된다.

# 5

## 진실을 말하되, 전체 진실을 나타내는 이력서

자신에게 불리한 말을 구태여 기술할 필요는 없다. 예컨대 학력을 소개할 때 '00대학교 00학과'라고 하면 되지 구태여 '00분교'라고까지 구체적으로 밝힐 필요는 없다. 그것은 상대방이 물을 때 대답해도 된다.

만일 이력서에 쓰여진 '사실'이 '사실과 다르다'면 당신은 그것이 미치게 될 여파를 반드시 염두에 두어야 한다. 거짓말은 결코 이력이 될 수 없다는 것을 누군가는 반드시 지적하고 나온다.

사실대로 기술하라고 해서 '상벌 사항'에 몇 년 전에 교통 위반 범칙금을 얼마 물었다고 적을 필요까지는 없다. 반면, 특정 회사 기술 유출 혐의로 재판 중이라면, 이런 사실을 반드시 밝혀야 한다.

이력서에 대충 얼버무리는 혼동 유발의 문구는 지원 회사에 성공적으로 진입할 수 있도록 도와주기보다는 오히려 불명예의 퇴각을 가져올 수 있다. 표현의 선을 넘어서는 결코 안 된다는 의미다. 자칫하면 너무 큰 배팅이 되어 버릴 수 있기 때문이다. 그러면 지금까지 쌓아 온 모든 공든 탑이 하루아침에 무너져 버릴 수 있다.

이력서 안의 진실은 '내용'에 관한 것이다. 그 내용은 전체적인 진실 속에 표현되어야 한다. 만일 이력서 작성에서 모든 세부 상항이 진실되어야 하는 것이라면, 그것은 당신의 전체적인 능력을 보지 못하게 할 우려가 있다.

이력서에 이런 방식으로 전체적인 진실의 내용이 담겨지고 나면, 그 다음에 할 일은 상대방이 삼키기 좋게 만드는 것이다.

이력서를 써 보고, 전문가에게 가져가 보라. 그러면 그는 전체적인 진실을 두러내기 위해 이력서에 어떤 부분이 강조되어야 하고, 삭제되어야 하며, 특별히 강화되어야 하는지를 조목조목 짚어 줄 것이다.

이력서를 작성하는데 이렇게까지 하는 이유는 너무나 명백하다. 이력서는 자기 고백서가 아니라 제안서이기 때문이다. 말하자면 당신의 가능성, 긍정적 측면을 부각시키는 일종의 세일즈 카탈로그이다.

# 6

## 강한 이미지와 간결한 이력서

우선 3개월 미만짜리 경력은 아예 쓰지 않는 것이 좋다. 아무리 뛰어난 사람이라고 할지라도 상대방은 3개월 동안 제대로 무언가를 했으리라고는 생각하지 않는다. 이것이 그들의 편견이라고 해도 어쩔 수 없다.

보다 더 중요한 사실은 이력 관리에서 아예 3개월 미만짜리 경력은 만들지 말라는 것이다. 드문드문 늘어놓는 경력을 원하는 사람은 없다.

구태여 상대방이 좋아하지 않는 내용을 적을 필요는 없다. 이에 대해 헤드헌터들은 6개월 이내의 짧은 기간은 오히려 경력에 도움이 되지 않으므로 아예 경력 사항에서 규제하라고 말한다. 짧은 경력, 잦은 공백은 결코 당신의 가치를 높이 올려놓지 못할 뿐만 아니라, 끈기 없는 사람으로 비쳐질 우려가 있기 때문이다.

이 말은 상당 부분 맞다. 만일 당신이 잦은 이직의 소유자라면, 당신을 좀더 굵직한 이력을 넣고 나머지 짧은 경력은 없애 버리는

46

게 낫다. 가지 치기 없이 조경수로 팔려 나가는 나무는 없다는 사실을 알자. 자기 약점이 될 수 있는 요인들에 대한 생략은 결코 죄가 될 수 없다. 상대방은 오히려 잘 다듬어진 상태를 원한다. 그래야 자신의 본질적 가치가 드러나기 때문이다.

# 7

## 편견과 선입견의 벽을 넘은 이력서

입사를 위한 이력서가 넘어야 할 가장 일반적인 장벽이 있다면 그것은 편견과 선입견의 벽이다. 인사 담당자들이 많은 이력서를 검토한 베테랑이기 때문에 편견으로부터 자유스러울 거라고 생각한다면 오산이다. 그들도 불완전한 한 인간일 뿐이다. 책상에 수북히 쌓여 있는 이력서 앞에서 그들이 느끼는 것은 '지겨움'이다.

당신은 일상에서 흔히 만나는 보통의 사람에게 이력서를 보내는 것이지, 당신의 과거와 현재, 미래를 꿰뚫어보는 점성가에게 서류를 보내는 것이 아니다. 그들의 책임은 당신의 서류에 있다. 그들은 바로 그 범주 내에서 당신의 이력서를 심사하는 것이다.

따라서 그들의 시선을 붙잡기 위해서 당신의 이력서는 모집 분야와 적합성이 어우러질 수 있도록 작성되어야 하고 인사 담당자들이 가지고 있을 편견과 고집을 뛰어넘거나 우회해 그들이 원하는 자기 기준을 제시할 수 있어야 한다.

# 8

## 맞춤형의 이력서

모든 이력서에는 고객 지향의 상품 카달로그, 타깃 고객이 있다. 이력서를 쓰는 명백한 이유는 일자리를 얻기 위해서이다. 어느 누군가는 당신의 이력서를 보고 고개를 끄덕일 수 있어야 하며, 당신에게 면접을 보겠다고 할 수 있어야 한다. 나아가 당신의 모든 노력은 최종적으로 채용으로 이어져야 한다. 만일 이 세 박자가 잘 맞지 않으면 당신의 이력서는 휴지통으로 직행한다. 당신의 이력서를 이렇게 휴지조각처럼 취급하는 인사 담당자가 있다면 면상을 날려 주고 싶을 것이다. 그렇지만 그는 멀리 있다. 그렇다면 그런 일이 발생하지 않도록 당신이 취할 효과적인 방법이라도 있는가?

물론 있다. 당신은 최소한 이력서가 이렇게 홀대받지 않도록 할 수 있다. 이력서를 제대로 씀으로써 이런 상황을 어느 정도는 피해 나갈 수 있다. 그렇다면 어떻게 해야 할까? 바로 맞춤형 이력서로 승부하라 는 것이다.

사실, 이력서는 인적 시장에서 구매자와 판매자를 잇는 매개 수단에 불과하다. 따라서 처음부터 거절되는 이력서가 되지 않기 위해서는 고객에 맞춰 주문형으로 만들어져야 한다. 그래야만 그들이 할애한 10초를 확 잡아끌 수 있다.

어느 이력서든지 자신이 지원하는 회사에 맞춰 개발화, 차별화시키지 못한다면, 당신의 지식과 경험은 오랜 경험에도 불구하고 상품성을 의심받게 될 것이다. 모든 인사 담당자의 입맛에 맞게 만들어져야 입을 벌린다.

지원 회사에 맞게 맞춤형 이력서를 만들어야 자신의 브랜드 가치를 제대로 인지시킬 수 있다. 이런 쌍방향 커뮤니케이션이 원활히 이루어지려면 이 한 장의 서류가 맡게 될 역할은 크다. 그러기 위해서는 본서에서 제시한 내용을 준비하고, 작성해야 할 것이 있다.

# 이 력 서

| 사진 | 성 명 | 김버들 ㉞ | 주민등록번호 ○○○○○○-1234567 |
|---|---|---|---|

| 생년월일 | 서기 ○○○○년 ×월 ×일생(만 24 세) |
|---|---|

| 주 소 | 서울특별시 마포구 합정동 359-27 | 전화번호 (02)338-6165 |
|---|---|---|

| 호 적 관 계 | 호주와의 관계 | 장남 | 호주성명 | 김대중 |
|---|---|---|---|---|

| 년 | 월 | 일 | 학 력 및 경 력 사 항 | 발 령 청 |
|---|---|---|---|---|
| ○○○○ | 2 | 24 | ○○고등학교 졸업 | |
| ○○○○ | 3 | 6 | ○○대학교 영어영문학과 입학 | |
| ○○○○ | 8 | 20 | 육군입대 | |
| ○○○○ | 12 | 24 | 육군제대 | |
| ○○○○ | 2 | 28 | ○○대학교 영어영문학과 졸업 | |
| | | | 자 격 사 항 | |
| ○○○○ | 2 | 10 | 운전면허 2종 | 서울지방 경찰청 |
| ○○○○ | 10 | 13 | PC활용능력평가시험 합격 | 상공회의소 |
| | | | 위 내용이 틀림 없음 | |
| | | | ○○○○.10.15 | |
| | | | 김버들 ㉞ | |

51

# IV
## 영문이력서
## 작성법

# 1

## 영문이력서의 종류

이력서는 개인의 능력, 인
간성, 성실성 따위를 평가하는 기준이 되고 있다.

우리 말로 된 이력서는 거의 한 개인의 신상명세, 학력, 경력
등을 연대순(chronological order)으로 기입하면 된다.

그러나 영미(英美) 이력서의 경우 연대식 기입하는 이력서도 있
고, 신문식 이력서도 널리 통용되고 있어 무엇보다 이들에 대한
사전 지식이 필요하다.

영미식 이력서의 종류에는 주로 ① 에세이 식 신상 내력을 써
나가는 작문식 이력서(Personal History) ② 우리나라 이력서에 해
당하는 기입식 이력서(Curriculum Voitae) ③ 신상 명세서와 비슷
한 절충식 이력서(Personal Records Information)가 있다. 본서에
서는 오늘날 취직 시험에 흔히 유행하여 쓰이는 레쥬메에 대해 그
예를 들어 설명한다.

# 2
## 레쥬메

레쥬메란 현대식 영문 이력서를 말한다. 미국에서는 레쥬메라는 이름으로 이력서를 쓰고 있는 것이 일반적이다. 특히 취직을 하려고 할 경우에 「레쥬메」를 쓰고 있다. 즉 레쥬메는 단순한 경력만을 쓰는 것이 아니라 업적, 능력, 성격, 희망직종 등을 간결하게 씀으로써 자기를 충분히 상대에게 소개시킬 수 있는 이점을 갖고 있다.

따라서 레쥬메란 「자기소개」를 이력서 형식을 통해 '글'로 표현하되, 간단히 씀으로써 목적하는 것을 얻어내는 것이라고 할 수 있다. 그러므로 결코 레쥬메를 쓰는 데 있어 상당히 정교한 기술이 필요하다.

레쥬메를 쓰는 경우, 성명, 주소, 주민등록번호, 전화번호, 희망직종, 과외 활동, 특기, 검정 자격, 취미 등을 적을 수 있다.

우리 이력서의 경우는 일정한 형식이 주어져 있는 대신 레쥬메는 그러한 형식에 구애받지 않고 자유로이 쓸 수 있는 특징이 있다. 그러므로 사인조차 할 필요가 없다.

# 3
## References의 경우

이 난에는 보통 세 명을 쓰는데, 학력 관계는 졸업한 학교 주임 교수나 학장을 쓴다. 경력 관계로는 현 직장의 상사를 쓰되, 무직인 경우에는 전 직장의 상사를, 또 한 사람은 가족 또는 본인의 인간성, 신용 등을 보증할 인사를 쓰면 된다.

① 다음 보기에서와 같이(p.55) 자유로운 형식에 의해 레쥬메를 쓴다. 자기의 고집에 따라 Basic Resume, 즉 학력 중심제로 쓰느냐, Chronological Resume, 즉 경력 중심으로 쓰느냐 또는 업무 중심으로 쓰느냐는 그 희망하는 기업의 성격을 바로 알고 자신을 100%로 팔 수 있는 기회로 판단하여야 한다.

② 이러한 레쥬메를 「영문자기 소개서」와 함께 그 기업에 제출했을 때는 상당한 고가 평점을 받을 수 있어 좋다. 그리고 레쥬메의 형식은 또한 자기 스타일에 맞추어 Block form이든 Modified Block form, Semi-Block form, Indented form이든 결정할 일이다.

# 4

## 영문 증명서의 종류

영미에서는 각종 certi-ficate가 통용되고 있으며, 이 증명서 등에는 일정한 서식이 있다. 「This is to certify that…」로 시작하는 것이 일반적이다.

(1) 영문 졸업 증명서

영미에서 가장 많이 쓰이는 형태의 졸업 증서는 중앙 상단에 학교명과 학교 seal이 인쇄되어 있다. 그 밑에 이름, 학과 및 대학명, 연도 등이 밝혀져 있는데, 학위는 공난으로 기입해 넣어야 한다. 또 Date난 위에 학교인(official seal)을 찍는다.

〈졸업증명서의 예〉

In ha university

This is certify that Mr. Kim Joo-Yeong finished the whole four-year course of the Department of Economics in the college of Commerce of this University from March, ○ ○ ○ ○ to February, ○ ○ ○ ○ and was awarded a Bachelor of Economics degree

Kye-won Kim

President

In ha University

Date : February 28, ○ ○ ○ ○

official

seal

To Whom It May Concern

The bearer of this letter, Mr. Lee Yang-sook was graduated from this school with honors in February 28, ○ ○ ○ ○ .
I certify that he was sincere and honest in his college dags.

/s/ Park Dong-hee
Academic Registrar
Seoul University

※ 졸업 증명서는 영미의 경우 성적 증명서와 졸업 사항이 나타나 있기 때문에 졸업 증명서를 성적 증명서와 함께 제출할 것을 요구하지 않는다. 그러나 졸업 증명서만을 요구할 경우 이를 사용한다. 그 형식은 공용 서한문과 같이 「To whom it may concern」 즉 「관계자 귀하」로 한다.

(2) 영문 학위 증명서
때로 외국기관(업체)에서 학위(석사 또는 박사) 증명서를 요구할 때도 있다. 이러한 서식도 다음 보기에서와 같이 간략한 문장으로 처리할 수 있다.

〈학위(석사)증명서의 예〉

Degree Certificate

This is certify that Mr. Kim Ju-Young, who established the credits needed in the Master Course majoring in Economics in the Graduate School of this University and passed the thesis and the final examination, was confered a Master of Arts degree in Economics.

/s/ Hong Gil-dong

President

Seoul University

Date : February 28, ○ ○ ○ ○

# 5

## 신입사원 영문이력서 (남자)

R E S U M E

○ ○ Kim

| | |
|---|---|
| Address : | In chon, Korea |
| Contact : | (032) × × × - × × × × |
| HP : | 010- × × × - × × × × |
| email : | ○ ○ ○ ○ @hanmail.net |
| Available : | Immediately |

Career Objective : Factory production-line manager

Education :

| | |
|---|---|
| Feb '1998 | Graduate from ○ ○ High School |
| Fed '2002 | Graduate from ○ ○ Univ. |

-B.A. degree of Naval Architecture & Ocean
Engineering

Nov '2003 - '2005    Military Service(ARMY)
-participate in ROK-US combined training
exercise in 2002

Qualification :  Intermediate at English
Good at operating computer
-C, C++,MS-Office, Internet Searching/Web-site
Construction

Personal :    Born in Sep, '82, Unmarried male, Good
health

Reference :    Available on request

# 6

## 신입사원 영문이력서 (여자)

RESUME

○ ○ Kim


Address :      Kwangmyung Kyonggido Korea

Contact :      02 - × × × - × × × ×

HP :            010- × × × - × × × ×

email :         www. × × × .com

Available :     Immediately


Education :

Feb '98        Graduate from ○ ○ Foreign Language Shcool

               - Major in French

Feb '2002       Graduate from ○ ○ University

               - B.A. degree of French

- Minor : Mass Media Communication

Qualification : Advanced at French

Excellent at operating Computer

Certificate :   DELF 1, 2, 3, 4 (Certification of French)

CCIP (Industrial Economics Certification

issued by France

Paris Commerce Department)

Activity :

Movie Club     Hold the position as president for a year

2000 - 2002    Participate in Rural Volunteer Devotion

Service, Twice a year

Personal :      Born in Feb ○ ○ , '85, Unmarried Female,

Good health

Reference :     Available on request

# V
**입사지원서**

# 1
## 소정의 양식에 충실하게

이력서 한 장만으로는 세부적인 신상 사항을 파악하기 어려운 점에 대처하여 각 기업체마다 자기식대로 규격을 맞춘 소정의 지원서 서식이 있다. 여기에 기제를 요구하는 공간에 자기의 모든 것을 기입해 넣는다. 별도로 설명을 요구치 않는 빈 칸은 그대로 두고, 거짓 없이 깨끗이, 솔직히 기입해 둔다.

# 2
## 꼼꼼히, 깨끗이, 상세하게 쓴다

사진 – 수험번호(후에 기입) – 희망업무 – 연락처 – 출신교 – 자격 · 면허 – 경력 – 가족관계 – 성적 – 외국어 – 병역관계 등을 써 넣음으로써 지원서는 끝이 난다. 그러나 꼼꼼하게 빠뜨린 것 없이 상세하게, 깨끗이 쓴다.

66

# 3
## 외국어 능력 사항

기업마다 외국어 능력을 높이 평가하는 추세이므로, 이 난에는 자기가 인정될 만한 외국어 능력, 즉 영어면 영어의 수준 정도, 일어면 일어회화 능력 정도를 상·중·하에 기입한다. 또 토익, 토플 성적을 써 넣는다.

# 4
## 자격 및 면허 사항

공인된 자격증이나 면허증이 있는 경우에는 그 사항을 꼭 기입함으로써 지원자 자신의 실력을 드러내는 것이 좋다.

# 5
## 긴급 연락처의 명시

현주소가 기제 되어 있기
는 하지만, 만일의 경우 재 소집을 당할 경우나, 특별히 연락할 긴
급을 요하는 때에 필요하므로, 반드시 전화번호 등을 가입해야 한
다.

# 6
## 최근의 사진 첨부

인상은 그 사람의 성격까
지 드러내 주는 것이므로, 최근에 찍은 밝은 사진을 붙이는 것을
잊지 말자. 아무리 좋은 조건의 사항으로 점수를 얻었다 해도, 별
로 좋은 인상을 받지 못하는 사진으로 하여금 불이익을 받지 않도
록 해야 한다.

# VI

## 적성검사
## 하이패스 비결

# 1
## 적성 검사의 의미

　　　　　　　　　　　　　적성 검사란 적성에 의한 인사 선발과 배치 및 올바른 직업 지도를 위해 개인의 잠재 능력 등을 측정하는 방법으로서 많은 직업 분야에서 자신이 담당할 직업을 성공적으로 수행하기 위하여 개개인의 특성과 각종 직업이 요구하는 특성을 서로 대비하여 그 적응성을 판단 측정하는 것이다. 즉 적성 검사는 교육이나 훈련을 받기 전에 개인이 소유하고 있는 잠재적 능력의 일종으로 특정 분야의 교육 훈련 또는 직업과 관계되는 활동을 성공적으로 수행하는데 필요한 특수 능력의 소유 정도를 측정하기 위하여 만들어진 검사이다.

# 2
## 적성 검사의 필요성

기업은 근본적으로 이윤 추구를 그 목적으로 한다. 그러나 경영주 한 개인의 부를 위한 것이 되어서는 안 되며 국가와 사회를 위해 이바지할 수 있어야 한다. 지금까지 많은 기업들이 외형적 성장에만 몰두해 왔으나 이제부터는 FTA 협상 등으로 무역의 확대 및 시장개방 압력, 고금리 등 어려운 여건 속에서 생산성을 높이고, 우수 인재 확보와 소수 정예화의 필요성이 더욱 절실하게 되었다. 따라서 우수 인재를 확보하기 위해 각 기업체들은 독특한 전형 방법과 과학적인 방법을 강구하고 있으나 실업난이 심화되어가고 기업에서는 쓸만한 인재가 부족한 현실 하에서 건전한 직업관과 합리적인 사고를 소유한 인재를 선발하기 위한 방편으로 적성 검사라는 방법을 동원하여 채용에 적용하고 있다.

# 3

## 기업에서 적성 검사를 중시하는 이유

기업에서는 직무의 난이도
에 적합한 적성 배치라는 차원과 생산성이 조직 구성원의 팀워크
에 의해 달성된다는 이유로 이 적성 검사의 중요성이 제기되고 있
는데, 정신 건강의 척도를 파악함으로써 업무 협조, 사고 방지, 오
판 등을 사전에 방지할 수 있는 것이다.

그러므로 기업은 이 정신 건강을 큰 비중으로 다루고 있다.

따라서 아무리 필기 시험과 면접 태도에서 높은 점수를 받더라
도 적성에서의 마이너스 점수는 불합격으로 처리되기 때문이다.

결국 기업에서 신규 인력 채용시 적성 검사를 실시하는 이유
는 대개 직장이나 사회 생활에 부적응자를 찾아내려는 것과 개
개인이 가장 능력을 잘 발휘할 수 있는 직무에 인력을 배치하
고자 하는 데 목적이 있다. 따라서 기업에서 입사 응시자들을 판
정할 때, 우수 인재의 확보 차원에서 응모자의 경험, 성격, 능력,
동기 의욕, 건강 상태 등의 요소를 종합적으로 고려하여 파악하고

있다. 이와 같은 목적을 달성하기 위해 기업에서 활용하고 있는 적성 검사들은 다음과 같은 세 가지 측면을 평가하고자 하는 것이 보편적이다.

첫째, 장차 업무를 얼마나 잘 해낼 수 있는지 여부를 측정(능력적인 면)하고자 하는 것.

둘째, 성격적인 면으로, 조직 안에서 인간 관계(동료, 부하, 상사)를 원만히 하여 맡은 직무를 성공적으로 처리하는 데 관련되는 정서적인 면을 측정하고자 하는 것.

셋째, 흥미의 관심 방향, 가치관에 의해 적합한 직무를 파악하려는 것이다.

# 4

## 기업에서 실시되고 있는 적성검사의 종류

### 🖉 기초 능력 파악을 위한 검사

기초 능력을 파악하기 위한 적성검사로는 첫째, 일반 개인의 기초 능력을 분석하기 위한 지능(IQ)검사와 기능(技能)검사, 그리고 학교 교육 과정에서 습득한 것을 파악하고자 하는 학력검사와 일반 상식 검사 등이 있다. 여기서 지능검사는 개인이 어떤 종류의 직무를 담당하는 데 꼭 필요한 기초적인 능력을 어느 정도 지니고 있는가를 파악하기 위한 목적으로 실시하며, 기초 능력을 구성하는 여러 항목들 중 어느 부분의 능력이 우수한가를 분석하고자 하는 것이다.

기능(技能)검사는 개인이 소유하고 있는 기초 능력 중에서도 기기류를 다루는 능력을 어느 정도 소유하고 있는지의 여부를 파악하고자 할 때 실시한다. 즉, 개인의 주의력, 공간 지각력, 운동 속도, 민첩성, 운동 협응성 등의 능력을 분석하여 기술·사무직 등에 필요한 기초 능력을 조사하고자 하는 것이다. 일반 상식 검사는 직장인으로서 당연히 갖추어야 될 상식과 일반 교양을 파악하고자 하는 것이다. 또한 높은 수준의 논리적 구성력, 문장력 및 창조력 등을 필요로 하는 직무 담당자를 선발하고자 하는 경우에는 창조력 검사나 연상력 검사를 실시할 수 있다.

① 언어 추리 검사

복잡한 언어 혹은 문장의 상호 관련성을 이해, 유추하고 언어적 개변을 정확·신속하게 파악하는 것을 필요로 하는 직무 분야의 성공 가능성을 예언하는 언어 추리 검사는 단어를 단순히 기억하고 인지하는 능력보다는 오히려 어떤 관련성이나 의미를 이해 추리하고, 일반화시키며, 서로 관련시켜 사고하는 능력을 평가하는 검사이다.

② 기계 추리 검사

일상 생활 중 물리학과 화학의 기본 원리나 이론에 관한 지식을 필요로 하는 토목 기사, 수리 기술자, 조립 기술자, 기타 공장 등의 직무 분야에서의 성공 가능성을 예언하는 기계 추리 검사는 각종 기계와 기구 및 물리학과 화학의 기본 원리나 이론에 대한 이해력 및 추리력을 파악·진단하려는 검사이다.

③ 수리력 검사

산술 계산, 산술 응용 및 기초 통계 등을 통하여 숫자의 수리적 관계 즉 계산 과정과 계산 능력 및 이해력, 수리적 개념의 취급 능력을 파악하려는 수리력 검사는 은행의 출납계, 판매, 통계 등의 직무 분야에 필요한 적성이다.

④ 창의력 검사
수식 만들기, 가정 세우기, 등식 만들기, 그림 완성하기, 질문 만들기 등을 통하여 '발상의 독창성'이나 '창조력 혹은 상상력의 풍부성' 및 '기획력의 예민성' 등의 수준을 파악하는 창의력 검사는 광고 대행사, 출판사, 기획직, 연구직 등의 직무 분야에 필요한 적성이다.

⑤ 공간지각 검사
면 또는 입체물을 어떻게 자르면 요구하는 선이나 면을 얻을 수 있는가를 알아내는 문항, 어느 도형을 뒤집어 놓은 모양을 찾는 문항 및 주사위에서 숨겨진 면의 숫자를 찾는 문항 등을 통하여 실체적 물체를 취급하는 능력, 즉 입체적 공간 관계를 이해하는 능력을 파악하려는 공간지각 검사는 제도, 설계, 건축, 기구 제조 등의 입체 구성 능력을 필요로 하는 직무 적성이다.

⑥ 판단력 검사
절차 계획력, 분석 종합력, 평가력 등을 통하여 판단의 정확성

및 속도를 파악하려는 판단력 검사는 일반 총무직, 회계직, 영업직, 기획 · 연구직 등의 직무 분야에 필요한 적성이다.

⑦ 지각 속도 검사

분류, 정리, 저장 또는 보관 등의 업무에 있어서의 정확성과 신속성을 측정하려는 지각 속도 검사는 그림과 문자, 숫자를 정확하고 신속하게 지각, 식별하고 이를 다룰 수 있는 사무능력을 파악하려는 속도 검사이다. 즉 지각 속도와 순간적 파지력 및 반응 속도를 파악하려는 검사로서 타자수, 부기, 속기, 키펀치, 프로그래머, 작업의 검토, 작업 감독 등의 직무 분야에 필요한 적성이다.

⑧ 기억력 검사

의미있게 조직된 재료들을 기억하는 능력을 파악하려는 기억력 검사는 모든 직무 분야의 기초를 이루는 능력 항목에 속한다.

⑨ 어휘력 검사

어휘를 적재적소에 사용하기 위해 필요한 어휘의 신속한 연상력을 파악하려는 것, 즉 어떤 한정된 자극에 대해 얼마나 많은 어휘를 연상할 수 있느냐를 파악하려는 검사로써 단어의 신속 · 정확한 연상력은 화학력과 문장력의 기초가 된다. 이런 능력은 연설, 광고 copywriter, 회화, 속기, 기자, 교정 등의 직무 분야에 필요한 적성이다.

⑩ 수공 능력 검사

운동 감각의 정확도와 그에 대한 신속한 반응을 파악하려는 수공 능력 검사는 사각이나 어떤 테두리 안에 요구하는 대로 그림을 그리거나, 선을 그리는 타점 찍기와 많은 세로 혹은 가로의 점 찍힌 부분을 요구하는 방식대로 줄을 긋는 줄치기, 그리고 교차되어 있는 여러 개의 곡선을 하나씩 추적하여 골라내는 곡선 추적 등의 문항으로 구성되어 있다. 이런 능력은 기술직, 타이피스트 등의 기술 사무직 직무 분야에 필요한 적성이다.

▢ 성격적인 면을 파악하기 위한 검사

개인의 성격에 적합한 직무가 무엇인지를 파악하려는 것으로서, 여러 종류의 성격 검사들이 있다. 이런 성격검사의 종류는 크게 일상 생활 과정에서 자신의 행동이나 정서 및 감정 등을 자기 자신이 내적으로 관찰하여 질문지에 구성된 문항에 답변하는 방식을 통해 성격을 분석하는 '질문지법', 단순한 작업을 통하여 성격을 완성하게 하거나 내용이 불투명한 그림이나 도형을 통하여 성격을 분석하는 '투사법' 등 세 가지로 구분할 수 있다.

일반적으로 성격검사의 순수 목적은 주로 비정상적인 성격 특성의 진단 및 치료 방향 제시와 개인의 적응 등을 주로 진단·예언하는 것이다. 하지만 일반 기업체에서 성격검사를 활용할 때의 주요 목적은 보통 사람들 가운데서 그 사람이 특히 어떠한 특성이 발달되어 있으며, 또다른 측면은 얼마나 부족한가를 먼저 판단한 후, 그것이 그 기업체의 직무 특성과 얼마나 일치·부합될 수 있으며, 만약 그 사원이 현재 담당하고 있는 업무 이외의 다른 업무를 맡긴다면 어떤 직무가 가장 적합하겠는가 하는 것을 판단하기 위한 것이다.

따라서 단편적인 면만 측정하는 검사라든지, 성격을 측정·분석하는 데 너무 많은 시간이 요구된다든지, 비용이 많이 든다든지, 상대적 비교가 전혀 불가능한 경우는 아무리 검사가 좋아도 기업체에서 적용하기 곤란할 것이다.

특히 기업에서 활용하고 있는 성격검사는 정신건강(Mental Health) 정도를 측정하는 부문과 직무 적응성 정도를 측정·파악하려는 부문으로 구성되어 있는데 일반적인 측정 항목과 내용을 살펴보면 다음과 같다.

① 신경질 ② 정서 안정성 ③ 반사회성 ④ 사교성 ⑤ 지도력 ⑥ 협조성 ⑦ 자율성 ⑧ 사려성 ⑨ 책임성 ⑩ 지구력 ⑪ 적극성 ⑫ 허구성

## 📄 직업 적성 파악을 위한 검사

개인의 흥미 측면에서 그 사람의 적합한 직무를 파악하려는 직업 흥미 검사가 있다. 이 검사는 개인의 흥미나 관심을 파악하여 그들이 어떤 직무에 적합한 사람인지를 판단할 목적으로 실시된

다. 어느 직무를 담당하든지, 한 부서에서 장기근속하며 잠재능력을 최대한 발휘할 수 있는지의 여부는 그 직무에 대한 흥미관심 정도에 의해서 좌우되는 경향이 크다. 만약, 자기가 맡은 직무에 대한 이해도가 깊어짐과 동시에 자기 직무를 매력적인 것으로 생각하면 직무 만족도가 높게 된다.

일반적으로 흥미 분야를 측정하기 위해 기업에서 활용하고 있는 직업 흥미 검사는 여러 종류의 하위검사(Sub-test)로 구성되어 있다. 일반적인 하위검사 항목과 내용을 살펴보면 다음과 같다.

① 사무 분야 ② 예술 분야 ③ 과학 분야 ④ 산업 · 기계 분야
⑤ 사회 · 경영 분야 ⑥설득 및 대인관계 분야

# 5

## 적성검사 수검 요령

외국인 회사에서는 적성 검사가 필수 코스이다. 인간 관계가 중요시되면서 직업 선택 과정으로서의 적성검사가 매우 중요시되면서 이 검사 과정이 매우 중요한 절차의 하나로 자리잡아 가고 있다. 개인의 흥미와 직업적 잠재능력을 사전에 파악하여 부적합한 사람을 사전에 가리려는 의미 외에도 채용 후 부서 배치 등에 필요한 자료로 활용하기 위한 적성검사는 학생들에게 부담으로 다가오는 것이 사실이다.

응시자의 채용 여부에까지 영향을 미치는 적성검사는 일반적인 테스트와 정밀 적성검사로 나누어진다. 이때 수험자는 적성검사를 시험이라고 생각하지 말고 단지 자신의 적성을 알아보는 것이라고 여기는 것이 올바른 방향이라고 생각된다.

적성 수검을 받을 때 미리 자기의 적성을 검토 연구해야 한다. 단점이 있을 경우 이를 적절히 보완하는 수검이 필요하다. 그러므로 잠재성을 일깨워 그것을 정리, 자신의 능력 · 성격 ·

적성을 여러 각도에서 훈련시켜 보는 것이 중요하다.

취업 준비를 시작하기 전에 미리 적성검사를 받아 본 사람이라면 그에 준해 업종이나 직종을 선택하였을 것이고 요령이 비슷하므로 그다지 당황하지 않을 것이다. 하지만 그런 기회를 갖지 못한 경우 다음 몇 가지 사항을 주의해야 한다.

## 일반 기초 능력 파악 검사 수검 요령

-제시된 문제에 대해 침착하게 최선을 다한다. 시험을 본다는 생각에서 벗어나 꼭 맞힐 수 있다는 자신을 갖는다. 그리고 쉬운 문제부터 풀어 나간다.

-문제를 풀기 전에 검사자의 지시 내용, 유형별 문제의 지문 등을 정확히 이해하도록 하고, 미심쩍은 부분은 검사자의 도움을 청한다.

-문제를 풀어갈 때에는 한 문제 한 문제를 너무 깊이 생각하지 말고, 가급적 많은 문제를 풀 수 있도록 시간 안배를 하는 게 좋다. 대개의 경우 시간이 모자라기 때문에 얼른 생각해서 어려운 문제다 싶으면 다음 문제로 넘어가는 게 좋다.

-각 유형별로 쉬운 문제에서 어려운 문제로 나아가는 게 일반적이므로 문제는 앞에서 푸는 것이 좋다.

-이 검사는 당신이 어떤 일을 해나가는 데 필요한 고도의 전문지식이나 능력을 테스트하는 것이 아니므로 지나치게 긴장하거나

부담감을 갖지 않는 것이 좋다.

－성격, 흥미 파악의 수검 요령 : 정서적 안정을 가지면서 솔직히 표현한다. 또한 일관성을 유지시키면서 되도록 많은 문항을 처리한다. 시간에 너무 신경을 쓰는 것은 금물이다.

## ⌣ 성격검사, 직업 흥미검사 수검 요령

－이 검사들은 대개 평소의 사고 방식, 행동 방식이나 경험을 묻는 문제들로 이루어져 있기 때문에 깊이 생각하지 말고 자연스럽게 대답하면 된다. 가령 공원 벤치에 앉을 때의 위치를 묻는 문제가 나왔다면 평소에 자신이 잘 앉는 위치가 중간인지, 왼쪽 끝인지, 아니면 오른쪽 끝인지를 순간적으로 떠올려 기입하면 된다.

－회사에서 원하는 인재상이 어떤 것일까를 지레 짐작하고 그에 알맞은 답을 기입하려다 보면 일관성 없는 대답을 하기 쉽다. 가능한 한 솔직하게 대답하는 것이 좋다.

－이 검사는 문항 수가 많은 대신 충분한 시간을 주므로 차근차근 풀어가면 된다.

－그 밖에 유의할 점은 어떤 유형의 검사이든 간에, 수검 당일의 컨디션 조절에 힘써야 한다는 것이다. 적성검사는 이에 대비해서 공부할 만한 내용이 별로 없기 때문에 마음이 해이해져서 전날 지나친 음주 · 흡연 · 운동 등으로 심신을 피로하게 하는 사람이 있는데 이는 적성검사의 결과에 좋지 않은 영향을 미칠 우려가 많으므

로 주의해야 한다.

## ⋃ 기타 주의 사항

모 기관의 조사에 의하면 중시해야 할 채용절차로 적성검사를 든 사람이 47%나 되며, 실제로 적성검사가 당락에 영향을 미치고 있다고 한다. 직업적성은 일반적으로 CPI 테스트나 미국 미네소타 대학에서 연구된 MMPI 테스트 등의 형태로 이루어지는데, 솔직하게 응답하는 것이 매우 중요하다.

예를 들면, 250문제 중 10~20번째 문제 가운데 '귀하는 부모에게 말로 대든 적이 있는가?'를 묻고 200~250번째 문제에서 '귀하는 형제들 간에 말다툼한 적이 있는가?'를 물었을 때, 전자와 후자의 답이 '그렇다, 안 그렇다'이면 그것은 대부분 거짓말을 하고 있는 것으로 판독될 수 있음을 알아야 한다.

'귀하는 화장실에 갔다 나올 때 세면대에서 손을 씻는가?' 하는 물음에 대해 ① 꼭 씻는다. ② 씻는 경우도 있고 안 씻는 경우도 있다. ③ 한번도 안 씻는다, 중에서 ①번과 ③번에 응답한 사람은 정서가 불안한 것으로 해석할 수 있다는 것이다.

또 '귀하는 신문을 하루도 빠짐없이 보는가?'라고 했는데, 만약 수험자가 하루도 빠짐없이 본다고 응답했다면 그는 거짓말을 약간 하고 있다는 것이다. 신문은 엄밀히 따져보면 태풍, 홍수, 교통 두절, 여행, 신문의 날 등에는 발간이 안 될 수도 있는데 매일 본다는 것은 거짓말이지만, '이런 사람은 오히려 '매일 보지는 않는다. 왜냐하면 신문이 쉬는 날이 있을 때에는 못 보기 때문이다' 라고 답변한 사람보다 유통업 · 호텔 · 광고회사 · 창조적인 카피라이터 등 아이디어의 탄력성이 큰 직업에 적당한 적성으로 정리될 수 있다는 것이다.

응답 가운데 ① 거짓말을 적당히 하고 있다. ② 거짓말을 전혀 하지 않고 있다. ③ 거짓말을 많이 하고 있다 중에서 ②, ③인 경우는 인재 채용시 심사숙고하는 것이 기업의 현 상황이라고 한다. 왜냐하면 거짓말을 전혀 안 하고 있는 사람은 조직 인화력에 문제가 있거나 고객과의 마찰 상황을 유발할 수가 있고, 거짓말을 많이 하고 있는 사람은 전직의 우려나 회사의 자금 부문 등에 보직을 낼 때는 재고할 필요가 있는 성향으로 정리되기 때문이다. 따라서 많은 기업 조직 운영자들은 ①번의 성격을 가진 사람들을 좋아한다고 한다.

보통 적성검사는 기계 조작 능력, 수리 테스트, 언어 테스트나 잠재력 테스트, 논리 테스트, 통합력 테스트, 순발력 테스트, 조직 적응 테스트, 히스테리 테스트, 결단력 테스트, 시각 테스트, 역사관 테스트 등이 있다.

## 적성검사를 미리 받아보는 것도 요령

적성검사는 보통, 자질이 뛰어나다, 우수한 자질이 있다, 보통의 자질이 있다, 자질이 부족하다, 자질이 없다라는 5단계로 판별이 되는데, 우리가 어떤 평가를 받게 되든 필요한 메모지와 초시계를 준비하고 집중해서 시험에 임해야 한다.

학생들이 적성검사에 대하여 불안한 감정이 있다면 1~2학년 때 학교 생활상담소 등에 비치되어 있는 일반성격 검사나, 적성검사 전문기관 등에 있는 직업 적성검사를 미리 받아 두는 것이 도움이 될 것이다.

앞에 얘기한 CPI, MMPI 테스트만 시행되는 것은 아니다. 최근 광고회사 적성검사에서는 '귀하가 만약 방송에 출연하여 세계일주 티켓을 얻었다면 귀하는 어디부터 다녀오겠는가? 나라 이름을 35개문 써라(시간 35초).' 이 문제를 푸는 것을 보면 그의 흥미를 살피는 척도가 있음을 알아야 한다. 일본에서 시작하여 미국 대륙을 거쳐서 유럽으로 간다든지, 바로 프랑스에 도착하여 베네룩스 3국을 돌아서 영국을 거쳐서 아프리카로 간다든지, 아프리카의 모로코 왕국에서부터 시작하여 남미로 한다든지. 홍콩에서 러시아로, 다시 헝가리에서 미국으로, 다시 일본을 거쳐 한국으로 온다든지 등의 여러 패턴의 답변을 하겠지만 어떤 경우는 35초가 지나도 35개국을 다 못 쓰는 사람도 많이 있을 것이다.

적성검사를 받고 나온 사람 중에는 시간이 매우 부족하여 주의를 기울일 틈도 없이 급하게 무모한 응답을 하고 나왔다는 사람이 있는데, 그것은 적성검사의 기본 성격을 파악하지 못하고 있다는 증거다. 적성검사는 솔직하게 답하는 것이 좋다.

수리 테스트에 있어서는 수학 공식이 필요한 경우도 더러 있다. 즉 $(3X + 3) + (9X - 2) = ?$

① $9X + 3$  ② $12X - 1$  ③ $9X - 1$  ④ $12X + 1$  (답 : ④)

따라서 고등학교 수학 문제집을 다시 한번 찾아내어 인수분해 · 미적분 · 순열 · 조합 등 수학 기분공식 등을 정리해 봐야 한다.

스포츠 상식이나 최근의 주요 경기의 동향 파악, 한국의 지리, 운전 적성검사 문제지 등을 구해보고 가는 것이 큰 도움이 될 수 있다. 그런데 여기서 유의할 점은 시용평가 주식회사 · 은행 · 단자 · 외국인 은행 등에서는 수리 테스트와 거짓말 테스트 결과에 큰 비중을 두고 인재를 보수적인 느낌으로 채용하는데 반해, 언론 · 광고 · 호텔 · 레저 · 우주항공 · 소프트웨어 · 외국인 상사 · 정보산업 쪽에서는 논리력과 언어 구사의 폭과 깊이를 면밀히 보고 인재를 채용하고 있다는 사실이다.

이렇게 본다면 어떤 직종으로 가든 독서를 폭넓게 하는 것이 매우 필요하다. 적성 시험을 앞둔 사람들은 독서를 통해 풍부한 잠재력을 나타낼 준비를 하는 것이 바람직하다.

**제2부** 자기소개서 작성법

-상식이 통하는 자기소개서-

# I
## 자기소개서
## 작성에 앞서
## 알아야 할 사항

# 1

## 자기 소개서의 가치

자기 소개서란 회사나 타인에게 특별한 의도를 두고 자신에 관한 여러 가지 사항들을 소개할 목적을 쓰여진 글을 말한다. 이런 종류의 글은 어떤 특별한 의도를 지니기 때문에 그 나름대로의 객관성이 있어야 한다.

기업이나 타인에게 자신이 '어떤 사람' 임을 공식적으로 밝히는 글이므로, 스스로의 어떤 특정 부분만을 강조하여 평가하거나 자기 마음대로 무책임하게 서술해서는 안 되며, 냉철하고 객관적인 판단하에 책임감 있게 써야 한다. 왜냐하면 자기 소개서는 자기를 솔직하게 거짓없이 나타내는 '나의 거울' 과도 같은 것이기 때문이다.

자기 소개서는 주로 취업을 목적으로 하며 이력서, 성적 증명서, 경력 증명서, 자격 증명서 등과 함께 채용자측에서 필요로 하는 구비 제출서류 중의 하나의 기능을 가지고 있다. 즉 성장 배경이나 학력 사항, 성격, 경력, 자격 취득 사항, 지망 동기, 인생관,

직업관, 취향, 의지, 포부 등 이력서나 경력 증명서에서 미처 다루지 못했던 여러 사항들을 보여 준다.

특히 요즘 들어, 자기 소개서는 단순히 구비서류 중의 하나로 평가되기보다는 면접과 더불어 취업 여부의 결정적인 영향을 미치는 필수 문건이자 면접의 기초 자료로서 중요한 역할을 하고 있다.

최근 들어 신입사원은 물론 경력사원의 경우에 자기 소개서를 첨부하도록 하는 기업들이 많다. 그리고 경력자의 자기 소개서의 비중과 중요성이 점점 늘어나고 있는 추세이다. 경력사원은 신입사원처럼 필기시험을 치르지 않으며, 학교성적 자료보다 경력사항을 더욱 요구하기 때문에 그만큼 자기 소개서의 비중은 매우 중요하게 취급되고 있다.

자기 소개서는 입사 이후에도 개인 신상에 관한 회사측의 중요 문건으로 보고 있으므로 그 중요도는 신입사원에게나 경력사원에게나 아무리 강조해도 지나침이 없을 것이다.

# 2

## 기업 측에서 얻고자 하는 정보 3가지

### 🗋 문장 구성 능력을 통해 사고 능력을 알아본다

자기 소개서를 요구하는 기업에서는 자기 소개서를 통해 이력서, 면접시험, 필기시험에서는 알 수 없는 종합적인 인간 됨됨이를 알아보고자 한다. 문장의 표현력, 구성 능력, 정리 능력, 자신을 표현하는 기술, 그 밖에 내면의 사상이 어떠한지를 파악하여 채용자 측과 얼마나 부합되는가를 견주어 보려 한다.

언어적 표현력은 면접으로서 평가할 수 있지만, 자기 소개서는 위에서 예시한 여러 사항들을 글로써 나타내는 문장력이 어떠한지가 중요한 관건이 된다.

기업에서는 자기 소개서에 드러난 구직자의 문자 능력을 그 사람의 지적인 능력이나 사고능력을 판단하는 '중요한 기준'으로 삼는다. 왜냐하면 여기서 말하는 문장 구성 능력이란 고도의 문학적 예술성을 추구하는 것이 아니고 한 자연인의 사고 능력과 같은 범

주로 이해하기 때문이다.

좋은 문장 능력을 가진 사람은 사고 능력의 깊이와 넓이 또한 깊고 넓다고 판단하는 것이다.

그러므로 기업에서는 그 사람이 어느 정도의 문장 능력을 갖고 있느냐에 따라, 어느 정도의 사고 능력으로 업무를 처리할 수 있는 사원일 것인가에 대한 판단을 비교적 정확하게 할 수 있게 된다.

## 가정 환경과 성장 과정을 통해 '조직 사회 속의 적응성'을 알 수 있다

인간은 환경의 지배를 받고 사는 동물이다. 그러므로 어떠한 환경이나 여건 속에서 어떻게 성장해 왔는가 하는 것은 그 사람의 성격 형성에 상당한 영향을 미치게 된다. 자기 소개서에 나타난 가정 환경과 성장 과정을 통해 지원자의 성격 또는 가치관을 파악한다.

그리고 학교 생활이나 서클 활동 등을 통해 그 사람의 대인 관계나 조직의 적응 능력, 성실성, 책임감, 창의성 등을 두루 살펴보고자 하는 것이다.

자기 소개서는 그 사람이 어떠한 사람인가를 알 수 있는 '공적인 개인사'이므로 앞으로 입사한 뒤에도 어떤 상황이 닥칠 때 어떻게 대처할 수 있으리라는 것에 대한 대강을 추측해 볼 수 있다.

'역사'를 알면, 알기 힘든 미래의 일도 내다볼 수 있는 능력을
지니게 되는 것처럼 자기 소개서도 마찬가지로 그 사람이 미래에
어떤 모습으로 조직사회에서 움직일 것인지에 대한 전체적인 미래
상을 추측할 수 있는 참고 자료로 사용될 수 있다. 특히 신입사원
의 경우와는 달리 경력자는 경력사항이 채용여부의 결정적 요인이
되므로, 경력 부분에 절대적 비중을 두고 서술해야 한다.

　　◑ 지원 동기나 마음가짐을 통해 능력 여부와 장래성을 알
　　　　수 있다

　무슨 동기로 지원을 하게 되었고, 또 입사 뒤에는 어떠한 자
세로 일에 임할 것인가를 알면 그 사람의 장래성 여부를 알 수
있다. 그리고 그 사람이 갖고 있는 경력을 통해, 어느 정도 발전할
수 있는 '그릇'일지에 대한 윤곽이 나오게 마련이다. 여기서 주의
할 점은 경력자의 경우 퇴직 사유를 반드시 밝혀야 한다. 경기 침
체로 인한 회사 부도, 구조 조정 등이 그 예에 속한다.

# 3

## 자기 소개서에 꼭 들어가야 할 5가지 내용들

다음 사항들은 일반적 자기 소개서의 필수 사항이다. 경력자는 전체 내용의 3/5 정도를 경력사항에 집중하여 언급해야 한다. 부수적 사항의 과다 설명으로 본론이 축소하지 않게 주의해야 한다.

### 성장 배경

출생부터 현재까지 성장 배경에 대해서 기술한다. 예를 들어 '저는 1981년 서울 대치동에서 2남 1녀 중 장남으로 태어나…' 식의 시간 순서 그대로 나열하는 천편일률적인 내용의 자기소개보다는 유년의 관심사나 흥미, 고향과 가족 관계에 얽힌 여러 가지 일화들을 재미있는 이야기 중심으로 재구성, 즉 플롯을 인사 담당자의 관심을 줄 수 있다. 이런 식의 기술은 개성 있게 자신에 대한 인상을 깊이 남길 수 있기 때문이다.

술직하면서도 남과 차별이 있는 자신만의 문장으로, 자신만이 경험한 내용을 표현하는 것이 더욱 효과적이다.

처음부터 자신의 출생에 관한 이야기를 순서대로 늘어놓는 것보다는 지망하는 회사와 관련된 자신의 짧은 에피소드를 시작으로 풀어나가는 것도 구성의 좋은 예일 수 있다.

천편일률적으로 '우리 집안은 화목한 가정이므로…' 라고 표현하는 것보다 '나는 부모의 고마움을 한 사건을 통해 배웠다' 로 시작하여 자신만의 의미 있는 기억에 대해 쓰는 편이 훨씬 생생하고 솔직하게 보일 것이다.

### 성격

성격을 표현할 때, '나는 명랑하다' '나는 강하다' 등의 단정적인 표현을 사용하는 경우가 많은데, 이런 표현보다는 구체적인 일화를 통해 자신의 성격의 장단점을 기술하는 편이 훨씬 낫다.

보자기를 던져 주고 '이 보자기 안에 무엇이 있다' 라고 말하는 것보다는 차근차근 그 내용물을 손으로 풀어 보여 주면서 말하는 편이 훨씬 구체적일 것이다. 이처럼 자기 소개서를 쓰는 것도 마찬가지로 구체적인 표현으로 진실을 담아야 읽는 인사 담당자 마음과 감정을 강하게 움직일 수 있는 법이다.

자신이 갖고 있는 장점과 단점을 함께 쓰는 편이 더 솔직한 인상을 준다. 그 단점을 극복하기 위해 어떠한 노력을 했고 어떻게 극복하게 되었다는 것을 보여 준다면, 더욱 인간적인 냄새가 나는 자기 소개서가 될 것이다. 어느 누구도 장점만 갖고 있는 사람은 이 세상에 없다.

따라서 직장에서도 완벽한 인간을 원하기보다는 장점이 단점을 커버할 정도로 '단점보다 큰 장점을 지닌 사람'을 원한다.

자신의 성격을 잘 표현하기 위해서는 의미 없는 에피소드의 나열이 아닌 자신의 성격의 대강을 짐작할 수 있게 하는 큰 의미를 지닌 에피소드를 기술해야 함은 당연하다.

### 생활 태도

생활 태도의 기술은 직장 조직사회 구성원으로 어떻게 자리매김할 수 있을지에 대한 기본 자료로 이용하고 있다. 이 부분은 간혹 쉽게 처리되는 경향이 있다. 그러나 생활태도 부분을 '나는 너무나도 인내심이 많아서…' 따위로 시작하게 되면 자기 소개서의 전체적인 탄력이 점차 사라지고, 곧이어 진부한 기술로 이어지는 경향이 있다. 이 부분에서도 차근차근 실질적이고 구체적인 자신만의 일화를 바탕으로 한 '보자기를 풀어서 보여 주는 기술'을 해야 한다.

### 학창 생활

학창 시절에 대해서는 최종 학력에 초점을 맞춰서 쓰도록 한다. 학업적인 관심사와 전공 분야, 자격증 취득 사항, 외국어 구사 능력, 컴퓨터 운영 능력, 아르바이트 경험담 등을 지원 분야와 긴밀하게 연결시켜서 기술한다면 기업의 입장에서 업무 능력과 적합성 판단에 훌륭한 참고 자료가 될 것이다.

학창 생활의 어려움도 솔직하게 밝히고, 동아리 활동이나 학교 외의 외부 활동에 대한 여러 가지 다양한 정보도 제공한다면 보다 다채로운 자기 소개서가 될 것이다.

그러나 지원 분야와 관련이 그리 많지 않은 부분에 너무 많은 부분을 할당한다거나, 별로 자기 인생에 있어 중요하다고 생각되지 않는 아주 사소한 일 등을 그저 의미 없이 늘어놓는 일은 전체 주제를 흐리는 일이 되므로 주의해야 한다.

고졸자의 경우에도 자신이 지망하는 분야에 대한 관심과 열의를 적극적으로 표현한다. 입사하기 전까지 가지고 있던 인생관과 직업관을 입사 지망회사나 분야와 자연스럽게 연관지어 기술하는 것이 좋다.

### 지원 동기 및 앞으로의 포부

기업의 입장에서 지원 동기는 매우 중요하다. 아마 이 부분이 자기 소개서의 핵심사항일 것이다. 구직자가 아무런 주관도 가지고 있지 않고 무작정 돈을 벌 목적으로만 지원했다면, 기업측에서는 그런 사람을 결코 뽑으려 들지 않을 것이다. 왜냐하면 지원하는 기업의 업종, 진출 방향, 기업 윤리 등을 잘 알지 못한 상태에서 목표 의식 없이 일하는 사람의 미래를 예측할 수 있기 때문이다. 인사 담당자는 오랜 경륜을 바탕으로 업무 그 자체의 수행보다는 업무에 임하는 자세에 따라 그 개인의 미래의 성장 가능성 유무를 판단할 수 있는 기준을 갖고 있다. 그러므로 뚜렷한 지원 동기나 희망을 적절한 방법으로 기술하기 위해서 자신의 전공이나 장래 희망, 가치관과 연결하여, 지원할 기업에 대한 자료 수집과 연구를 미리 해 두어야 한다.

지원 동기와 포부를 표현할 때, 거창하고 추상적인 구호로 인해 꼭 하고 싶은 진실된 목소리가 작아지는 경우가 있다. 기본적으로 강한 의지를 담되 지원하려는 기업의 구체적인 환경에 대한 사전 지식을 바탕으로 쓰는 것이 좋다.

## ☑ 경력 사항

경력 사항의 경우, 전 직장과 새로 지원할 직장 사이의 상관 관계가 전체 문장 중 주요 부분이라고 할 수 있다. 전 직장에서 퇴사하게 된 동기, 그곳에서 주로 맡았던 구체적인 부서, 직위, 기간, 분야, 그리고 새로운 직장을 지원하는 동기나 각오 등을 비교적 자세하게 언급해 주는 것이 좋다.

국가나 관계 단체 등에서 인정해 주는 자격증을 소지하고 있다면, 그것에 대해서도 구체적으로 언급해야 한다. 또한 각종 단체를 대상으로 자원 봉사활동 등을 했다면 그것에 대해서도 기술하는 것이 좋다. 자신에 대한 여러 가지 PR을 하는 데 인색할 필요는 전혀 없다.

예를 들어 자신의 신체적 건강 상태를 내세우는 것도 좋다. 의학적인 신체 검사도 기업에서 요구하지만, 매주 산행으로 건강을 다지는 부지런함을 기술하는 것도 좋다.

# Ⅱ
## 취업이 보장되는
## 자기 소개서
## 작성비결

# 1

## 많이 준비한 다음 써라

누구나 훌륭한 자기 소개
서를 쓸 수 있다. 이 말은 절대로 거짓말이 아니다. 대부분의 사람
들은 그것을 믿지 않고 잘 쓰는 재주를 갖고 있는 사람들만이 누
리는 특권으로 알고 있다. 그러나 실제로 자신보다 더 자신에 대
해서 잘 알고 있는 사람은 없을 것이다.

성공적인 자기 소개서를 써서 자신이 합당한 평가를 받느냐
아니면 선택을 받지 못하느냐 하는 것은 많은 준비와 노력에
달려 있다고 할 수 있다. 자기 소개서를 통해서 자신의 경력이나
능력을 인정받고 싶은 것은 누구나 마찬가지이다. 하지만 성공적
인 자기 소개서를 쓴다는 것은 그리 쉽지 않다. 왜냐하면 자기 소
개서에 대한 구시대적인 작성법이 널리 퍼져 있기 때문이다. 대부
분의 사람들이 훌륭한 자기 소개서를 쓰고 싶어하나 표현 요령이
나 방법을 모르고 있는 것이다.

그 동안 자기 소개서는 취업에 형식적인 것에 지나지 않았다.

자기 소개서는 서류 전형을 통과하기 위해 으레 제출하는 요식 행위의 서류 중 하나에 불과했다. 그러나 시대가 점차 능력 위주의 채용방식으로 바뀌면서 상황이 달라지기 시작했다. 이제는 능력과 인성 위주의 채용 문화로 바뀌면서 자기 소개서의 중요성이 강조되었다. 외국의 경우, 자신의 경력 관리를 위해 커리어 센터가 있을 정도로 활발한 데 비해 우리는 그 방법에 대해서는 연구를 하거나 교육하는 대학이나 기관은 거의 찾아보기 힘들다. 그냥 취업을 원하는 한 개인의 문제로 치부해 버렸던 것이다.

대부분의 지원자들이 취업이나 이직에 대한 욕망이 크기 때문에 성공적인 자기 소개서를 쓰겠다는 마음만 앞서 오히려 올바른 자기 소개서를 쓰지 못하게 하는 원인이 되고 있는 것이다. 물론 우리는 자기 소개서를 쓰는 것이 꼭 화려한 자기 소개서를 쓰기 위해서가 아니다. 자기의 쌓아온 경력이나 능력을 '자기 소개서'라는 형식의 글로 표현해 제출하기 위한 것이다. 성공적인 자기 소개서가 따로 존재하는 것이 아니다. 자기 소개서는 자신의 경쟁력을 어떻게 판단하고 담아내고 있는가에 대한 보고서로서 존재 가치가 있는 것이다. 자기 소개서를 잘 쓰는 것은 글재주가 중요한 것이 아니라 차별화된 자신의 경력을 어떻게 판단해서 글로 옮기느냐가 더 중요한 것이다.

많은 사람들이 선택받기 위한 자기 소개서에 대한 성급한 욕심 때문에 남의 것을 모방하게 되고, 결국 경력이나 학력을 단순히 나열하게 하거나 지나치게 꾸미는 데만 익숙하게 되는 것이다. 하지만 명심해야 할 것은 자기 소개서란 자신을 진솔하게 객관적으로 명확하게 쓴 글에서 나온다는 점이다. 얼핏 보면 간단한 것 같아도 실제로 써보면 생각처럼 되지 않는 경우가 태반이다.

회사나 조직에 몸담고 있는 사람은 물론 지금까지 아마도 자기 소개서를 써보지 않은 사람은 없을 것이다. 그러나 흔히 볼 수 있는 문제점은 준비 없이 무조건 덤비는 경향이 있다는 데 있다.

무엇보다도 서류 전형에 필요한 사진, 자격증 사본, 경력 증명서, 졸업 증명서, 주민등록등본 등 서류를 챙겼는가 되돌아봐야 한다. 혹시 구비해야 하는 서류를 하나라도 갖추지 않고 취업 준비를 하고 있지 않은가 자신에게 물어보라. 좀더 생각해 보면, 학교 다닐 때 장학금을 받은 적이 있는 경우라면 '장학금 수혜 확인서'를 손에 들고 취업 전선에 뛰어들 수 있을 것이다. 하지만 확인서를 첨부한 사람과 그냥 장학금을 받았다고 주장하는 사람과의 차이는 분명 있다. 지금이라도 자신의 출신학교 교학과에 가서 각종 증명서를 발급 받아야 한다. 이제 경력이 중요해진 만큼 경력을 증빙할 서류 하나라도 놓쳐서는 안 된다.

또한 자기 소개서를 작성하기에 앞서 구비해야 할 것이 이력서이다. 이력서를 먼저 작성한 후에 자기 소개서를 작성해야 무리가 없다. 맨 처음부터 자기 소개서를 작성하려고 하면 자신의 학력이나 경력이 정리되지 않은 상태에서는 어설프게 작성할 수밖에 없다. 따라서 우선 이력서를 꼼꼼하고 체계적으로 작성한 후에 자기 소개서를 쓰도록 해야 한다.

# 2
## 새로운 방식의 자기 소개서를 요구한다

자기 소개서는 자신의 인생을 서술한 자서전이 아니라 자기가 자신에 대해서 소개하는 글로써 기업이 왜 자신을 선택해야 하는지를 설득하는 글이어야 한다. 관습적인 고정관념에서 나오는 자기 소개서는 다른 사람에게 주목을 받기 어렵다.

자신의 자기 소개서가 최근의 트렌드와 전혀 맞지 않는다는 사실을 전혀 모르고 있는 경우가 많다.

단순히 경력만 나열한다고 해서 인사 담당자로부터 호감을 살 수 있는 것이 아니다. 자신의 생각이 담긴 내용을 써야 하는 것이다.

자기 소개서를 경력 위주로 쓴다는 것과 경력만 나열하는 것은 전혀 다른 차원의 문제이다. 자기 소개서를 경력 위주로 쓴다는 것은 자기 소개서 속에 자신의 경쟁력이 될 만한 경력으로 채워져 있다는 뜻이며, 경력만 나열한다는 것은 단순히 어떤 의도 없이 쓰여진 글이라는 의미이다.

인사 담당자 입장에서 선별하여 필요한 정보를 적어야 한다. 구구절절 적은 자서전을 읽으려는 인사 담당자는 없다.

우리가 지금까지 자기 소개서라고 생각했던 형식을 이제부터 잊어버려라. 자기 소개서는 자유형식이다. 자신이 보내고 싶은 방법으로 보내면 된다. 하지만, 인생의 중요한 관문에서 연습은 없다. 자신도 모르게 정형화된 자기 소개서가 아닌지 스타일을 분석 검토해 보자.

## 정형화된 자기 소개서

지금까지 자기 소개서라고 하는 것은 "저는 몇 년도에 누구와 누구 사이에 몇째로 태어났습니다"라고 시작하는 '연대기적 자기 소개서'였다. 형식 자체가 시간 순서라 쓰기는 쉽지만 인사 담당자에게는 너무 식상하다는 것이 문제이다. '연대기적 자기 소개서'는 그 동안 얼마나 관습적인 인식으로 자기 소개서를 써왔는지 단면적으로 보여주는 예이다.

이와 같은 정형화된 자기 소개서가 잘된 자기 소개서라고 생각하는 사람은 이미 고정관념에 사로잡혀 있는 것이다. 이런 인식에서 벗어나려면 개개인의 의식에 자리잡고 있는 자기 소개서에 대한 고정관념부터 깨야 한다.

경력을 많이 나열하다 보면 인사 담당자가 좋아할 만한 것이 하나쯤은 있겠지라고 생각하는 사람은 큰 오산이다. 자기 소개서에는 자신의 능력과 역량을 적절하게 보여주어야 하지만 불필요한 군더더기가 많은 경우는 오히려 산만하게 보인다. 꼭 필요한 내용만 담아야 한다. 그러려니 어렵다.

## 🔲 쓰는 이유부터 생각하라

지원자들의 자기 소개서는 상당한 편차가 난다. 매우 성의없이 빈칸이나 채우자는 마음으로 몇 자 적은 사람, 한 가지 내용에만 얽매여 자기의 다른 모습을 소개하지 못하는 사람, 지나친 과장이나 미사어구만을 나열하여 진실성이 떨어지는 사람들이 있는 반면, 체계적으로 내용을 잘 정리하여 그 사람의 얼굴을 보지 않아도 그 사람의 모습이 그려지는 경우가 있다. 자기 소개서를 쓸 때, 제일 먼저 해야 하는 일은 자신이 왜 이 글을 쓰는가를 생각해야 하는 것이다.

대학을 나왔다는 사람이 자기 소개서 한 장을 제대로 못 쓰는 경우를 허다히 본다. 대부분 서류 전형과 면접이 중요시되고 있는 상황을 고려하면 보통 다급한 문제가 아니다.

자기 소개서나 이력서가 그만큼 중요하지만 과거 경력이나 학력만을 나열한 이력서는 휴지통으로 가기 쉽다. 그렇다고 인터넷에 떠다니는 자기 소개서를 구한다고 해도 틀에 박힌 자기 소개서가 대부분이라 자신을 홍보하기에 적합하지 않다.

어떻게 하든 차별화된 자신만의 경력과 개성있는 면을 부각시켜 기업의 입장에서 꼭 필요한 인재라는 인식을 각인시켜야 하는데, 막막하기 이를 데가 없다. 자기 소개서 쓰기의 첫발은 글 속에 자신을 뚜렷이 드러내는 것이다. 그렇다고 목적을 위해 사실이 아닌 것을 부풀려서 자기 소개서를 작성해서는 안 된다. 목적을 강하게 드러낼수록 오히려 역효과가 날 수 있음을 깨달아야 한다.

나열식 자기 소개서가 연대기적 서술 방식이라면, 능력 위주 자기 소개서는 능력별 서술 방식이다.

능력 위주 자기 소개서는 포부나 가치관을 가진 사람을 열심히 피력하고 있다. 그런데 이런 포부나 가치관보다 더 중요한 것은 그 사람의 '직무 능력'이라는 사실을 간과하지 말아야 한다.

# 3
## 아우트라인을 먼저 작성하라

자기 소개서를 쓸 때 놓치기 쉬운 것은 아우트라인을 정하지 않고 무작정 쓰기 시작하다가 처음부터 다시 작성해야 할 정도로 엉망이 되는 경우가 많다. 자기 소개서라는 것은 작가적인 재능이 없는 사람도 누구나 잘 쓸 수 있는 글이다. 그런데 자기 소개서에 대한 부담감을 갖고 쓰는 것이 큰 문제이다. 다시 말해서 대부분의 사람들이 자신의 경력을 제대로 형상화하지 못하기 때문에 부담감을 느끼고 있는 것이다.

아우트라인은 머리에서 구상된 것을 실제로 그림으로 간단하게 나타내는 것을 말한다. 아우트라인을 그리는 방법은 적당히 자신의 편리에 의해서 달라질 수 있다. 아우트라인은 일정한 형식을 갖출 필요가 없는 오직 자신만을 위해 낙서한 메모 같은 것이다.

머릿속에서 어떤 내용을 담아야겠다고 어느 정도 구상이 되면 곧바로 아우트라인을 그리는 것이 좋다. 자신이 쓸 내용을 구체적으로 도식화하는 것이 다른 사람에게 쉽게 읽힌다는 사실을 알아야 한다. 물론 어떤 사람은 아우트라인을 머리로만 하는 사람이 있는데, 그것보다는 실제로 메모지에 간단하게나마 적어두는 것이 나중에 전체적인 내용을 파악하는 데에 유효하다. 각각의 내용을 어떤 순서로 배치하는가, 효과적인 표현 문제, 증명서류 등 아주 세밀한 부분까지 기록할 수 있다.

자기 소개서가 체계적인 구조를 갖기 위해서는 자신을 성급하게 담으려고 하지 말고, 먼저 자신의 데이터를 체계적으로 파악해야 한다. 데이터를 일관성 있게 체계화하는 방법은 그리 쉽지 않다. 경력이 많을수록 체계적인 구조가 필수적이다. 처음 기획 단계에서부터 자기 소개의 구조를 튼튼하게 하기 위해서는 경력에 따라 아우트라인을 달리 작성해야 한다. 자기 소개서 스타일은 체계적 구조 전체에 반영해야 하며, 융통성 있게 자신의 단점을 보완해야 한다.

그러면 경력에 따라 어떤 방법으로 써야 하는지를 소개하겠다.

## 경력이 적은 신입인 경우

학력 위주의 자기 소개서를 작성하는 편이 좋다. 일반적으로 국내에서 많이 쓰이는 형태이다. 신입 섹션으로는 지원 동기, 장래 포부, 학력 사항, 특기 사항, 성장 과정, 성격의 장단점 등이 있다. 주의해야 할 것은 섹션의 배치에 유의하여야 한다. 신입의 경우에는 앞서 이야기했듯이 나열식으로 읽는 사람들의 집중력을 분산시킬 수 있는 요소를 제거해야 한다. 신입의 경우라면, 자기 소개서의 초점을 지원 동기와 장래 포부에 두어야 할 것이다. 그리고 경력이 적다 하여 아르바이트나 봉사활동 등의 경험을 적지 않는 것은 바람직하지 않다.

### □ 근무처가 너무 많은 경우

여러 번 이직을 해서 근무처가 많은 경우에는 자기 소개서를 작성하기가 참 곤란할 것이다.

그러나 일일이 근무처를 나열할 필요는 없다. 왜냐하면 이력서에 대부분 근무처가 나오므로 자기 소개서는 자신의 업무 중심으로 작성하는 것이 좋다.

경력에 대한 소개에서는 지원 동기, 장래 포부, 경력 사항, 학력 사항, 특기 사항, 성격의 장단점 등을 쓰면 된다.

경력을 먼저 업무 중심으로 적은 후에 약력을 연대순으로 붙이는 방법이 좋다. 이 경우에 주의해야 할 것은 인사 담당자로부터 신뢰를 얻기 위해서는 업무에 대해 상세하게 기술하는 것은 좋은데, 일반인이 알 수 없는 전문적 용어는 될 수 있으면 피해야 한다. 문단 구성을 하는 데 있어서는 최근 업무에 초점을 맞추고 이전의 업무를 모아서 간단히 요약하는 방법이 좋다.

## 근무처가 한 곳이거나, 적은 경우

자신이 평생 직장이라고 생각하던 곳에서 퇴출당했을 경우, 많은 사람들이 낙심하기 쉽다. 이런 사람은 특히 자기 소개서를 작성할 재료가 없다고 생각한다. 이처럼 근무했던 곳이 한 곳이거나 적은 경우에 근무처 위주로 작성하면 빈약해 보이기 쉽다. 따라서 업무 중심으로 쓰되, 비슷한 직무끼리 모아서 작성한다. 업무를 돋보이게 하기 위해서는 성과 위주로 작성해야 한다. 그곳에서 많은 업무를 경험한 경우에는 비슷한 업무를 모아서 작성한다. 아무리 많아도 업무는 5항목 이내로 해야 한다. 그래야 읽는 사람이 부담없이 읽을 수 있기 때문이다.

## 근무처가 많지만 같은 업종인 경우

같은 업종이지만, 경력 관리를 위해 근무처를 여러 번 옮겼을 경우에는 일반적으로 많이 쓰이는 '연대기식 자기 소개서'를 쓰는 게 좋다. 우선 같은 업종 회사에 취직하려는 경우에는 '연대기식 자기 소개서'를 쓸 것인지, '역연대기식 자기 소개서'를 쓸 것인지 결정해야 한다. '연대기식 자기 소개서'가 순차적인 연대로 경력을 적어가는 방식이라면, '역연대기식 자기 소개서'는 역순으로 최근 경력을 먼저 적어가는 방식이다. 만일 타업종 회사에 취직하려는 경우에는 그냥 근무처가 많은 경우와 비슷하게 업무 중심으로 자기 소개서를 작성해야 한다는 것에 주의하여야 한다.

　☐ 최근 경험한 직무가 이전의 직무만큼 매력적이지 않은 경
　　우

'구관이 명관'이라고 새로 옮긴 직무가 자신에 맞지 않는 경우가 더러 있다. 이럴 때에 다시 자기 소개서를 작성하려면 애를 먹기 쉽다. 이런 경우에는 최근 경험한 직무를 최대한 간단히 요약하면 된다. 또한 직무 중심으로 자기 소개서를 작성하고 연대순으로 약력을 붙이면 최근 경험한 직무가 눈에 띄지 않도록 할 수 있다.

앞서 살펴본 바와 같이 경력이나 근무처가 많고 적음에 따라 자기 소개서의 전체적 형태를 잡을 수 있다. 이런 아우트라인을 잡는 것은 성공적인 자기 소개서를 쓰기 위해 이제 한 발을 내딛은 것이다. 아우트라인을 세우는 것은 굉장히 유익한 일이다. 자기 소개서를 돋보이게 하는 키포인트는 바로 틀을 짜는 것이기 때문이다. 하지만 틀을 짜기 전에는 신중을 기해야 한다.

아우트라인 작성은 구성에서 첫 단추를 끼우는 것과 같다.

자신의 경력에 비해 자기 소개서 형식을 잘못 맞추면 자신을 왜곡시킬 수 있기 때문에 각별한 주의를 요한다.

# 4

## 논리적으로 기술하라

자기 소개서를 쓰기에 앞서서 제일 먼저 고려해야 할 것은 자기 소개서를 쓰는 목적을 직접적으로 드러내지 말아야 한다는 것이다. 말하지 않아도 누구나 자기 소개서를 쓰는 이유는 안다. 다시 강조하지만 이제는 자기 소개서를 어떻게 쓰느냐가 무엇보다도 중요한 것이다.

되돌아보면 20세기의 큰 흐름은 무엇을 위해 사느냐가 중요했다. 즉, 이데올로기가 중요한 시기였다. 하지만 21세기의 큰 줄기는 무엇이 아니고 어떻게 하느냐이다. 문학에서 각광 받는 작가들의 면면을 보아도 그것을 알 수 있다. 유명한 작가일수록 큰 주제를 다루기보다는 어떤 문제에 승부를 할 것인가를 고민하고 있다. 따라서 현재에는 자기 소개서에서도 '무엇을 쓸 것인가' 보다는 '어떻게 쓸 것인가' 라는 문제에 직면하게 된다. 그럼 자기 소개서는 과연 어떻게 써야 하는 것인가.

대부분의 자기 소개서는 먼저 조직과 사람의 관계로 이야기를 풀면서, 자연스럽게 부모님과 생활신조까지 다루고 있다. 하지만 비논리적 서술 방식은 자신의 성격과 직업을 매치시키려고 했지만 설득력을 잃고 있다. 자기 소개서는 논리적인 문맥으로 자연스럽게 연결되어야 한다. 자기 소개서에서는 자기가 주장하는 논리성이 분명해야 한다.

경력에 맞는 아우트라인을 형성하고 섹션별로 키워드를 생각하고 서술하였다면 아마도 비논리적인 글은 나오지 않을 것이다.

객관적인 서술을 하기 위해서는 우선 자기 소개서를 읽는 사람의 입장에 서야 한다. 자기 소개서는 자신의 이야기를 하는 것인 동시에 남을 이해시키기 위한 글이기도 하다. 따라서 자신이 좋아하는 소재와 단어, 주관적인 시각과 주장을 피하고 타인도 이해할 수 있는 선에서 객관적으로 보아 거부감이 없는 내용을 다루어야 한다.

예를 들면, 자신이 알고 있는 전문적 용어를 총동원해 가면서 자기 실력 포장에만 신경 쓴 자기 소개서를 볼 수 있다. 하지만 이런 자기 소개서는 대부분 인사 담당자에게 핵심적인 내용을 알려주기 힘들다. 단지 어려운 전문용어만 쓴다고 해서 실력을 알아주는 것은 아니다. 실제로 여유를 갖고 상대편의 입장에서 일반적으로 통용되는 용어를 써야 이해하기 쉽다는 사실을 상기할 필요가 있다.

## 자기 소개서는 주관적인 글이 아니다

　자기 소개서는 말 그대로 자기를 소개하는 글이지만 주관적 성격의 글이 아니다. 자기를 드러내는 데 있어 자기 주관에 휩싸여 서술하는 것은 설득력을 지니기 어렵다. 비록 자신의 이야기라도 논리적이고 객관적으로 서술해야 한다. 자기 자신을 객관적으로 제시할 수 있을 때 읽는 사람에게 공감은 물론 신뢰감을 줄 수 있다.

　자기 소개서는 이와 같이 주관적인 시각이나 주장을 담기보다는 다른 사람이 이해할 수 있는 객관적인 내용을 담아야 한다. 또한 전문용어를 불가피하게 쓰게 될 경우에는 영문약자만 쓰지 말고, 스펠링을 다 써서 알 수 있도록 해주거나 부연 설명을 해야 한다.

　지원자들의 대부분이 자신의 입장만을 고수하다가 낭패를 보는 경우가 많다. 자기 소개서를 쓰면서, 자신을 객관화시켜 서술한다는 것은 말처럼 쉽지 않다. 너무 자신의 장점을 부각시키려고 하다 보면 정작 지원한 직무와는 상관 없는 이야기를 늘어놓기가 쉬워 초점이 흐려질 수도 있다. 아마도 자기 자신에게 딱 맞는 일자리를 준비해 둔 회사는 없을 것이다. 따라서 '자신을 개관화하라'는 것은 철저하게 자신에게서 떨어져서 자신을 바라보는 것에서 출발해야 한다는 것을 말한다.

# 5

## 구체적인 경험을 묘사하라

자기 소개서의 뼈대를 세웠다면 이제 자기 소개서의 옷을 입히는 과정이다. 자기 소개서를 작성할 때는 어떤 일이 있더라도 구체적인 경험을 바탕으로 작성해야 한다.

자기 소개서를 작성할 때 저지르기 쉬운 실수 중의 하나가 자신을 좀더 멋지게 드러내기 위해 추상적으로 쓰려는 것이다. 자신도 모르는 영어나 한자어를 동원해서 자기 소개서를 작성하는 것은 어리석은 짓이다. '알지도 못하는 말' 보다는 '효과적으로 전달하기 쉬운 말' 을 쓰는 것이 좋다. 자기 소개서란 쓰는 자기 자신의 의도가 나타날 때에 효과적으로 의미가 전달할 수 있기 때문이다.

따라서 인사 담당자가 자기 소개서를 읽고 '이 사람 괜찮은데' 라는 느낌이 들 수 있도록 효과적으로 전달하기 위해서는 자신의 경험을 바탕으로 구체적인 자신을 묘사해야 한다.

사실적인 표현들은 읽은 사람에게 오랫동안 기억의 잔상을 남길 수 있다. 청소년 시절의 기억에 남는 이야기, 자신의 성격을 부각시킬 수 있는 에피소드, 가족들과 관련이 있는 이야기, 자신의 인생에 전환점을 가져다 준 계기 등을 구체적으로 작성하고 각 사건들이 어떻게 자신에게 영향을 미쳤는지를 설명해야 한다. 또한 자신이 가졌던 취미나 생각 등이 자신을 어떻게 변화시켰으며 현재 자신의 관심 분야와는 어떤 관계가 있는지 등을 구체적으로 기술해야 한다.

인사 담당자는 구체적인 경험을 바탕으로 기록한 자기 소개서를 읽는 동안 작성자의 성격, 행동 방식, 성향은 물론 글 속에 녹아있는 논리력과 사고방식 등을 파악할 수 있을 것이다. 또한 인사 담당자는 작성자의 구체적인 사고방식 등을 파악해 채용시 직무 수행 능력과 추진력, 팀워크 등을 판단하게 된다. 인사 담당자는 지원자의 능력을 나름대로 평가할 수 있는 자기 소개서에 관심이 있다는 사실을 기억하고 자신의 실제 경험을 바탕으로 구체적으로 작성해야 한다.

자신이 체험한 이야기로 채워진 자기 소개서는 다른 사람과 차별될 수 있는 경쟁력을 확보할 수 있다. 체험은 자기만의 고유한 것이므로 개인적인 체험보다 좋은 소재가 되는 것은 없다. 따라서 자신있게 내놓을 수 있는 경험을 토대로 자기 소개서를 작성해야 한다. 비슷한 경험을 했더라도 그 경험에 대해 보는 관점이나 느끼는 점은 사람들마다 천차만별이다. 그 체험의 순간들은 물론 자기 자신이 기록한 메모나 일지 등을 자기 소개서 작성의 소중한 소재로 삼을 수 있는 것이다.

각자의 인생이 모두 제각기 다르듯이 자기 소개서 또한 각기 달라야 한다. 저마다 서로 다른 독특한 경험들을 했을 것이고, 자기를 소개함에 있어서 뭔가 특별난 얘깃거리가 있을 것이다. 바로 그 평범하지 않은 얘기들을 자기 소개서에 다루어야 한다. 예를 들어, 봉사활동의 경험이나 아르바이트 경험, 여행 경험, 해외 연수 등을 다루게 되더라도 남들과는 좀 다른 관점으로 작성하도록 노력하여야 한다.

### ♩ '자기 홍보'인 자기 소개서

자신의 개성과 함께 강력한 인상을 심어줄 수 있도록 일반적이거나 평범한 이야기보다는 자신의 뚜렷한 장점 또는 강한 의지를 내보일 수 있는 구체적인 내용 위주로 작성해야 한다. 자기 소개서도 일종의 '자기 홍보'이므로 다소 특이하고 눈에 띄는 문구도 필요하다. 제목과 중간 소제목을 활용해서 광고 카피처럼 좀더 인상적으로 접근해야 한다.

자기 소개서의 힘은 바로 그 사람의 잠재력에서 나온다. 단순히 아무렇게나 쓰는 것은 쉽지만 성공적인 자기 소개서를 쓰기 위해서는 부단한 노력이 필요하다.

이런 자기 소개서 작성 방법은 어렸을 때부터 익히고 배워야

119

한다. 훌륭한 자기 소개서 교육은 어려서부터 자기 자신에 대해 깨닫고 글쓰기의 기초를 단단히 하는 노력이 매우 중요하다. 자기 소개서는 단순히 글쓰기에 그치는 것이 아니라, 자신과 타인과의 커뮤니케이션을 하는 도구의 역할을 하는 것이므로 잘못 작성된 자기 소개서는 인사 담당자와의 정보교류를 단절시킬 뿐만 아니라 컴퓨터 앞에만 앉아 지원자를 판단하기 때문에 능력 있는 인재임에도 불구하고 서류 전형에서 떨어질 수 있는 구조적 모순을 일으킬 수 있다. 여러 번 강조한 것처럼 아무리 말을 잘하고 책을 많이 읽는다고 해도 자기 소개서를 잘 작성하지 못하면 인사 담당자와 커뮤니케이션을 하지 못하게 되는 것이다.

상대방과 의견을 나누면서, 또는 부딪치면서 쓰는 '자기 소개서 쓰기'는 표현력을 기르는 데에 매우 중요하다. 자기 소개서 교육은 컴퓨터로 배우는 교육보다 손으로 직접 써 가면서 이해하고 외우는 것이 더 효과적이다. 직접 손으로 쓰는 육체적 활동이 아이들에게 자기 소개서를 쓰는 과정을 통해서 다양한 사고를 깨닫게 되는 것이다.

자기 자신에 대해서 알아서 행동하는 것보다 값진 것이 없을 것이다. 두말 할 필요 없이 자기 소개서 쓰기의 바탕은 '땀'이라는 체험으로 이루어지는 것이다. 직접 자기 소개서를 10편 이상 작성하여 누군가에게 보여 평가를 받아보라고 조언하고 싶다.

자기 소개서는 남에게 보여주면서 더욱더 값진 긴장을 갖게 되는 것이다. 현실적으로 혼자서 쓰다 보면 자기의 주관에 빠지기 쉽다. 남의 비판을 듣고 무엇이 잘못된 것은 아닌지 다시 되돌아보는 것, 그 자체가 많은 진전을 가져오게 된다. 그러나 너무 조급하게 생각을 해서는 안 된다.

자기 소개서를 잘 쓰기 위해서는 우선 자신의 경험이 묻어 나오도록 써야 한다. 자신의 경험이 우러나온 자기 소개서를 보면, 사람들이 그 맛을 알아차린다.

자기 소개서 쓰기에는 경험을 잘 표현하는 것이 중요하다. 한 구절, 한 마디를 쓸 때는 비록 달팽이처럼 힘겹게 생각될지라도 신중하게 적어야 한다. 구체적인 경험이란 한 순간에 얻어지는 것이 아니고 갑자기 잘된 문장으로 나타내기란 더욱 쉽지 않기 때문이다. 평소 과거 경험을 잘 정리하는 습관이 차츰차츰 쌓여 어느 한 순간 봇물 터지듯 문장력도 향상될 것이라고 믿는 것이 최선의 방법이다.

# 6

## 창조적 자기 소개서를 써라

자기 소개서를 작성할 때, 소위 '겉멋'만 든 현학적 표현만을 쓴다면 설득력을 얻기 힘들다. 자기가 직접 겪은 일을 중심으로 나타낸다면 반은 성공한 것이다.

'창조적 자기 소개서'란 발상의 전환에서 출발한다. 아름다운 말을 꾸미는 데 시간을 투자하라는 것이 아니라 자신의 어떤 경험을 들려줄 것인지를 생각해야 한다.

요리사를 지망하는 사람의 자기 소개서는 요리를 경험해 본 사람만이 적을 수 있는 것을 들려주어야 설득력이 있는 것이다. 직접 경험했던 직무와 관련된 이야기를 통해서만 창의적인 자기 소개서를 쓸 수 있다. 또한 문장은 간결하고 명확한 표현을 주로 써야 한다. 뭐니뭐니 해도 문장은 알기 쉬워야 한다. 간결하고 명확하게 표현해야 한다. "세상에 힘들지 않은 일은 없습니다."라고 하는 것보다는 "요리하면서 가장 먼저 접하는 어려움은 조리에 있습니다."라고 할 때 인사 담당자의 뇌리에 가 닿을 것이다.

자신의 직무와 관련된 요리를 내세워 자신이 체득한 경험을 들려주려고 할 때, 독창적이고 참신한 자기 소개서로 빛이 날 것이다. 이런 경우에 바로 '함축성'이란 말을 쓴다. 남들이 안 하는 쪽에 서서 치밀하게 접근하는 경우이다. 하지만 자칫하면 독창적인 것이 아니라 엉뚱한 곳으로 전락할 수 있으니 그 점에 주의를 기울인다. 그 우를 범하지 않으려면 적어도 자기 소개서의 기본에 충실해야 한다. 여기서의 기본이란 자신의 업무 분석력을 보여주는 것이다.

'평범한 자기 소개서'에는 자기만의 독특한 경험이 묻어나 있지 않다. '독창적인 자기 소개서'의 예로 '××호텔 지난해 사내 최우수 사원' 혹은 '고객의 의중을 파악할 수 있는 재치 있는 요리 전문가'라고 쓴 것을 들 수가 있다. 창의적인 발상의 전환은 이와 같은 자그마한 경험이나 경력을 표현하는 것에서 출발한다.

# 7
## 자신에 맞는 테마를 선택하라

자신에 대해서 쓴다는 행위에 대해 누구나 두려움을 갖고 있다. 자신이 혹시 낱낱이 발가벗는다는 생각에 자기 소개서를 쓰기를 두려워하는 사람이 종종 있다. 이런 두려움이 오히려 자신을 거창하게 치장해 보이려는 마음으로 발전한다. 그러나 아무리 거창한 말로 위장을 하려고 해도 진실은 밝혀지게 마련이다.

가장 중요한 것은 자신이 누군지를 모르면 자기 소개서를 제대로 쓸 수 없다는 사실이다. 자신이 자신을 발가벗기는 것은 자신을 팔아서 확실하게 남는 장사를 하기 위한 것이다.

자기 자신에 대한 발견이 자기 소개서의 테마가 된다든가, 첫 직장의 어려움을 통해서 직무 능력을 배웠다든가, 또는 직장 상사나 동료와의 관계와의 갈등을 통해서 자신의 역할을 알게 되었다든가 등 자신에 맞는 자기 소개서에 대한 테마를 선택해야 한다. 자기 소개서를 잘 쓰기 위한 확실한 방법은 우선 자신이 확실히 아는, 자신감이 넘치는 테마를 주제로 하라는 것이다. 왜냐하면 자신이 가장 확실하게 아는 테마를 선택하였을 때 자신 있게 쓸 수 있기 때문이다.

### 🗋 자기 능력에 맞는 테마는

남들과 비슷한 테마로 쓰여진 글을 보면 누구나 식상하게 마련이다. 어떤 사람은 간단한 아르바이트를 소중한 기억으로 갖고 있으며, 어떤 사람은 유학 중에 경험한 컴퓨터 관련 아르바이트를 내세우기도 한다. 이와 같이 자신만의 테마를 선택하는 게 중요하다. 자기 소개서에서 가장 중요한 것은 자신을 알리는 것이다. 자신이 주도권을 잡아야 한다. 따라서 자신의 뜻을 펼치기 위해서 자신이 소화할 수 있는 내용을 위주로 하고, 자신에게 맞는 테마로 소개서를 써야 높은 점수를 받을 수 있다.

자신의 능력에 맞는 테마를 우선 선택하자. 나무 일반적인 것에 치우치기보다는 자신의 생각을 솔직하고 담백하게 쓴 구직자가 좋은 점수를 받았다는 점을 상기할 필요가 있다.

또한 자신이 선택한 테마에 대해서는 끝까지 끌고 가는 끈기를 가져야 한다. 중도에 다른 테마로 바꿔서는 안 된다. 일반적인 고정관념을 깰 수 있는 것도 이런 끈기를 전제로 가능한 것이다. 자신에 맞는 테마 선택은 신중해야 하지만 여유를 잃어서는 곤란하다. 논문을 쓰듯이 비집고 들어갈 틈이 너무 없다면 아무도 읽지 않을지 모른다. 물론 쓰는 사람에 따라 다르겠지만 적어도 테마를 선택함에 있어 지나치게 경직돼서는 안 된다.

# 8
## 주요 항목별 작성 비결

회사에 따라 다르지만, 대부분의 자기 소개서는 보통 네다섯 항목의 난으로 나뉘어져 있다. 지원 동기 및 장래 포부, 학력 사항 및 경력 사항, 특기 사항, 성장 과정 및 성격의 장단점 등이다. 분량은 A4 기준으로 2장 정도 이내에 들어갈 정도로 작성하는 것이 보통이다. 이 자기 소개서는 '인사비밀카드'로 회사에 영구 보존되는 것이 일반적이다.

자기 소개서 작성 이전에 먼저 자신이 무엇을 자기 소개서에 담을 것인가를 생각해 두어야 한다. 항목 순서는 어떻게 정하는 것이 좋은지, 어떤 방식으로 서술할 것인지 등을 생각해 본 다음에 아우트라인을 만든 다음 초고를 작성해야 한다.

일반적으로 자신에 대한 경험을 적어놓은 메모장을 활용하면 더욱더 효과적으로 작성할 수 있다. 우선 자신이 쓸 항목과 순서를 선택해야 한다. 물론 자기 소개서 양식을 회사에서 정해 주었다면, 그것을 따르되, 그렇지 않을 경우에는 자신이 유용한 방법을 경력에 기준하여 작성한다. 앞서 살펴보았듯이 경력에 맞는 아웃라인을 잡아야 한다. 반드시 '성장 과정'을 먼저 쓸 필요는 없다. 인사 담당자의 입장이 되어서 제일 궁금한 것이 무엇인지 생각해서 순서를 바꾸는 것이 좋다.

신입 사원의 경우 항목별 배분은 성장 과정의 중요도가 10%라고 하면, 성격은 10%, 학교생활 20%, 지원동기 40%, 입사 후 포부를 20% 정도로 적절하게 구성하는 것이 좋다. 자신이 왜 그 회사에 지원하려 하는지, 자신이 지원 분야를 왜 택했는지에 대한 이유를 타당하게 적고, 그렇게 하기 위해 학창 시절에 얼마나 노력했는지를 밝히고 입사 후 하고 싶은 일에 대한 포부를 적으면 된다.

## 지원 동기

무엇보다 자기 소개서의 핵심은 입사 지원 동기이다. 자신이 그 기업에 얼마나 관심을 가져왔으며, 입사를 위해 무엇을 준비해 왔는지를 밝힌다. 또 자신이 이미 입사했다는 가정 하에 자신만의 청사진을 제시하도록 한다. '뽑아주기만 하면 열심히 일하겠다'는 일반적인 표현은 삼가는 것이 좋다. 그건 너무 진부하다. 입사 지원 동기를 구체적으로 밝히는 게 좋다.

지원하고자 하는 회사의 특성도 파악해 놓아야 한다. 그러기 위해서는 평소에 관심을 갖고 신문이나 인터넷을 통해 지원하고자 하는 회사에 대한 정보를 수집해 둘 필요가 있다. 지원하려는 기업의 업종이나 특성에 맞게 지원 동기를 서술해야 한다. 회사의 업종, 경영 이념이나 철학, 인재상, 창업 정신, 비전 등과 연결시켜 이야기를 시작하는 것이 좋다.

자신이 추구하는 철학, 비전 등을 회사의 특성과 구체적으로 비교해 입사 지원 동기를 밝히는 것도 좋다. 동기가 확실하지 않으면 성취 의욕이 적을 수밖에 없기 때문이다. 자신에 대한 분석과 아울러 지원하고자 하는 회사에 대한 충분한 분석을 바탕으로 자신의 가치관과 기업에서 바라는 인재상이 어떤 점에서 유사하기 때문에 지원했다고 설득력 있게 설명해야 한다. 또한 자신의 전공과 희망 등과 연결시켜 지원 동기를 명확히 밝히는 것이 중요하다.

특히 회사의 인재상과 자신을 연결하라. '입사하고 싶은 이유'를 쓸 때는 회사가 추구하는 기업상과 인재상을 연결해 설명하면 좋은 인상을 받을 수 있다. 주윗사람이나 선배의 소개, 학교 교수님의 추천 등이 있을 수 있겠지만, 단순한 소개에 의해서 지원했다고 하기보다는 더 명백한 지원 동기를 밝힐 필요가 있다.

막연한 지원 동기는 표현이 다소 미흡하고 지원자의 간절한 마음을 전달해 줄 수 없다. '성실한 모습'으로 '최선을 다하겠다'는 지원자의 마음이 자신이 왜 그 회사에 들어가야 하는지 분명한 설명을 해주는 것은 아니다.

합리적인 방법은 자신의 적성과 비전을 제시하는 방법이다. 취업하고자 하는 기업에 대해 조사하여 그 기업의 업종이나 특성에 맞게 지원 동기를 기술한다면 더욱 좋을 것이다.

지원하는 회사에 대해서는 최소한의 정보라도 수집하는 것이 좋다. 지원 업체에 대한 일반적인 정보는 인터넷이나 경제신문 등을 통해서 알 수 있으며, 전화로 무얼 하는 회사인지 간략하게 물어볼 수도 있다. 일단 업체가 무슨 일을 하고 어떻게 수익을 얻는 회사인지를 파악하고, 그 업체에 입사했을 때를 가정해서 자신이 맡게 될 일에 대해서 생각해 보는 성의가 필요하다.

### ◪ 사실적이고 구체적인 정보가 기본

자기 소개서는 사실적이고도 구체적이고 정확한 정보가 뒷받침되었을 때 가치가 드러난다. 희망 업무는 이미 지원 동기에서 언급한 것처럼 전공이나 적성을 살리기 위해서 또는 평소 그 업종에 대한 관심과 연구가 있었다면 더 좋을 것이다.

지원 동기에서는 타깃을 명확하게 언급해 주어야 한다. 보관된 일기나 일지 등을 보면서 자신의 경력 사항을 최대한 빠뜨리지 말고 처음부터 밝히도록 한다. 구체적인 언급이 없으면 장황한 글이 되기 쉽기 때문이다.

성격과 전공, 희망 업무가 적절하게 일치하는 것이 좋다. 그럴 때 자기 소개의 효과가 더욱 커진다. 고등학교 때부터 수학 경시대회에서 우수한 성적을 거두었는데, 대학교는 인문학부로 지원했다고 한다면 일관된 인상을 주기 어렵다.

전공이나 희망 업무가 중도에 바뀌었다면 그 계기를 설득력 있게 진술하여 자신의 가능성을 보여주는 것이 좋다. 특히 분야를 변경했을 때에는 그 부분에 대한 명확한 이유를 밝히는 게 좋다.

공대를 나온 어떤 기술사는 30대 중반의 나이에 자기 인생을 전환하는 데 무려 12년이 걸렸다고 했다. 기술 경력 12년이면 능력을 제대로 발휘할 나이임에도 불구하고 인생의 진로를 변경한데는 분명한 이유가 있을 것이다. 그는 기술사를 인정해 주지 않는 사회풍토 때문이라고 역설하였다. 왜 30대 중반에 인생의 방향을 바꾸어야 했는지 그 원인을 설명하면서, 아무리 노력해도 기술사로서 성공할 수 없는 사회구조 때문이었다고 주장한 것은 나름대로 설득력을 가지고 있다.

만약 채용된다면 어떻게 잘 적응할 수 있는지, 자신의 목표를 실현하기 위해 어떠한 준비와 노력을 해야 할지를 먼저 설계하고 있어야 한다. 이를 자기 소개서에 반영했을 때 그 사람을 채용할 확률이 더 높아질 것이다.

### 📄 장래 포부

장래 포부는 향후 자신의 인생 설계 부분으로 매우 중요한 내용이다. 자신이 장차 추구하고 싶은 것이 무엇인지에 대한 자기

131

연구가 우선 개진되어야 한다.

자신의 포부에 대해 단순히 황금빛 미래만 나열하는 것이 아니라, 구체적으로 자기가 선택한 업종에 대한 목표 성취나 개발을 위해 어떠한 계획을 가지고 있는지, 즉 청사진을 언급해야 한다. 어떤 경력 사원도 처음 입사하면 그 회사에서는 신입 사원이 된다는 것을 기억해야 한다.

어떻게 보면 당차 보일 수 있고, 좋은 인상을 줄 수도 있지만 인사 담당자나 회사측의 입장에서도 자기 회사와 관련된 장래 포부를 접했을 때, 더 호감이 가는 것이 사실이다. 가능하면 지원하고자 하는 회사와 관련한 장래 희망과 포부를 작성하는 것이 좋다.

다시 한번 강조하지만, 자신의 포부와 비전을 구체적으로 제시하라. 기업이 자기 소개서를 통해 파악하고 싶어하는 것 중의 제일 중요한 하나가 지원자의 발전 가능성, 잠재 능력, 장래성 등이다. 인사 담당자들은 장래 포부를 잘 작성한 사람은 업무에 임할 때 매사에 적극적이며 열의를 갖고 있다고 판단한다. 자기 나름대로의 목표가 있으면 이 목표를 향해 나아갈 열정을 갖추고 있기 때문이다. 따라서 입사를 희망하는 기업의 업종, 특성을 고려해 자신의 포부와 비전을 명확히 제시하고, 입사 후 자신의 꿈을 이루기 위해 어떠한 자세로 임할 것인지 등을 구체적으로 설명하는 것이 좋다.

## ⨆ 희망 회사와 연관이 있는 내용

먼저 장래 희망과 포부를 밝히는 것이 좋다. 또한 막연한 일 반론을 펼치는 것보다 희망 회사와 연관이 있는 내용들을 함께 기술하는 것이 좋다. 희망 회사의 업종이나 특성 등에 자신의 전 공 또는 희망을 연관시켜 자기 소개서의 지원 동기를 구체적으로 밝혀준다. 이를 위해서는 평소 신문이나 사보 또는 기타 자료 등 으로 해당 기업에 대해 미리 연구해 두는 것이 좋다. 앞으로의 포 부를 말할 때 "열심히", "최선을 다해"라는 막연한 표현보다는 일 단 그 회사에 입사했다는 가정 아래 목표 성취와 자기 계발을 위 해 어떠한 계획이나 각오를 갖고 일할 것인가를 구체적으로 언급 하는 것이 좋다.

뚜렷한 목표 의식이 없는 지원자는 단순히 취업을 위해 지원했 다는 인상을 주기 쉽다. 평소에 짧게는 3년 후 자신의 모습, 길게 는 10년 후 자신의 모습 등을 나름대로 설계해서 현실성 있게 목 표를 잡고, 그 목표를 수행하기 위한 실행 전략 등을 세워 두어야 한다. 이런 실행 전략을 자기 소개서 작성시 더욱 명확히 제시하 면 좋은 인상을 받을 수 있다.

## ⨆ 학력 사항

학력 사항은 신입인 경우, 무척 신경 써야 한다. 학교 생활

또는 과외 활동, 봉사활동 등을 소개하는 것이 중요하다. 자신의 재미있는 일화나 경험을 토대로 겪은 경험을 기술한다면, 읽는 사람들에게 호감을 얻을 수 있다.

예를 들면 학력이나 경력난 등은 이미 이력서에 기재된 사항 이외에, 여러 아르바이트 등을 통한 역경을 딛고 일어선 의지 같은 것을 진솔하게 기술하면 좋다.

① 초등학교 · 중학교 때의 특별한 기억
초등학교 · 중학교 시절은 될 수 있으면 짧게 서술해야 한다. 특별 활동, 수상 실적, 주요 관심 영역 등을 주로 다루되, 장황하게 늘어지지 않도록 주의해야 한다. 자신이 진로를 선택한 계기나, 취미를 갖게 된 배경 등 특별한 기억 위주로 간단 명료하게 적어야 한다. 일일이 자신의 장점을 다 서술할 필요는 없으나, 전국적인 규모의 큰 시상이나 같은 또래와 비교해서 특별하게 뛰어난 재능이나 경험은 서술하면 좋다.

② 고등학교
고등학교 시절은 굵직한 것들을 위주로 제시해야 한다. 특별 활동, 동아리 활동, 봉사활동, 수상 실적, 개근 · 정근상 수상, 컴퓨터 및 외국어 능력, 각종 자격증 등 자신과 관련있는 것들을 우선 생각해 본다. 특별활동반이나 동아리 활동 및 봉사활동을 하면서 느낀 점, 좋아하는 과목과 그 이유, 교내외의 각종 수상

실적들을 나열하면서 자기의 장점을 부각시킨다.

③ 대학 및 대학원이나 기타 교육 기관

대학 생활은 자신의 학과, 성적, 동아리, 교외활동 등 자신이 내세울 만한 것을 중심으로 기술해야 한다. 우선 장학금이나 교내 수상 경력, 세미나 참석 등 자신이 대학 시절을 대표할 수 있는 객관적 자료를 찾아보아야 한다.

외국어 능력을 증명할 수 있는 토익, 토플, 텝스, 한자능력시험, 일본어 검정시험 등의 최근 성적을 제시한다. 자격증은 그것의 취득 사실만 적지 말고, 어떤 종류의 자격증인지, 지원 동기, 학습 방법, 애로 사항 등 그 과정에서의 느낌이나 경험을 적절히 서술하는 것이 좋다.

컴퓨터 자격증도 중요하지만, 어떤 기관에서 교육과정을 이수했는지 과정을 배우면서 느꼈던 점을 함께 적는다. 또한 컴퓨터 실력을 보여주기 위하여 개인 홈페이지를 만드는 편이 좋다. 만일 홈페이지가 있다면 주소를 써서 찾아 볼 수 있도록 배려하고, 각종 사이버 공간이나 커뮤니티의 활동도 소상하게 적는다. 학생회 임원이나 동아리 회장 등 단체장으로 활동했다면 활동 내용과 성과를 비교적 자세히 적고, 그 과정에서 느끼고 배운 점을 서술해야 한다.

또한 어학연수나 유학 경험이 있다면, 유학 생활을 보다 상세하게 이야기할 필요가 있다. 자신이 유학생활에서 배우고 터득한 경험이나 기술을 널리 알려 좋은 평가를 유도할 수 있다. 이때 솔직하고 진솔한 느낌이 들도록 서술하고 객관적 자료를 바탕으로 느낌 점과 배운 점을 중심으로 기술한다.

이 밖에 구체적으로 제시할 근거가 없는 사람이라면, 자신이 남과 다른 특별한 경험이 있다면 그 테마를 가지고 자신의 경험이 묻어 있는 에피소드 형식으로 소개한다.

## ㄴ) 경력 사항

경력 사항은 학창 시절 아르바이트를 했던 경험, 사회에 나와서 다녔던 직장들에 대한 경험을 기록하되, 구체적인 성과나 주요 실적 위주로 작성해야 인사 담당자에게 어필할 수 있다. 요즘은 최근의 경력을 중심으로 관련 분야의 경력을 부각시키는 것이 추세이다.

다양한 경력을 갖고 있더라도 정작 핵심이 되는 것은 모집 직종과 관련된 경력에 한정된 경우가 많다. 따라서 단순 나열식보다 업무 성과 위주로 자세히 기술해야 한다. 특히 전 직장 경력이 있다면 직장 이름과 함께 간단한 회사 소개와 근무 부서, 직책, 담당 업무, 주요 실적, 성과 등을 비교적 상세하게 적는 게 좋다. 즉 자신이 어떤 분야의 업무를 할 수 있는지를 구체적으로 나타내야 한다.

구체적인 경력 사항은 신뢰감을 줄 수 있다. 물론 경력에 관한 부분은 과장하지 말고 사실 그대로 작성하도록 한다. 경력만을 적는 데 그치지 말고, 자신의 업무 수행 능력에 대해서도 기술하라. 특히 경력이 적은 사람일수록 해당 분야에 대한 자신의 수행 업무 능력을 강조하라.

경력이 많은 사람일 경우에는 그 동안 자신의 경력을 바탕으로 이전 직장에서 계속 수행했던 업무에 대해 강조할 필요가 있다. 특히 지원 업무를 효과적으로 수행하는 데 있어 경험한 업무들이 지원하는 회사에서 어떤 역할을 하게 될지를 중점적으로 부각시켜야 한다.

이를 위해서는 자신이 과거에 수행했던 프로젝트를 제시하고 해당 프로젝트에서 자신이 담당했던 업무에 대해서도 상세히 기록한다. 해당 프로젝트에 관한 포트폴리오가 있다면 참고자료도 함께 첨부하거나 자신의 홈페이지 주소를 적어 놓는 것도 자신의 업무 수행 능력을 적극 홍보할 수 있는 방법의 하나이다.

## 특기 사항

특기 사항은 특별한 기술이나 장기, 전문 지식 등을 말하는 것이다. 경력이 없는 신입의 경우에는 지원한 분야와 관련된 수상 경력 및 자격증에 대해 기록한다면 가산점을 받을 수 있다. 특히 지원한 업무와 관련된 분야의 자격증 등은 적극적으로 강조해야 한다.

특기 사항이라고 해서 정말로 특별하게 탁월한 재능만을 적을 필요는 없다. 학원 이수 내용, 세미나 및 연수받은 내용, 전 직장에 근무했을 때 특별히 익혔던 기술 등을 적는 편이 좋다. 이 밖에도 운전 면허, 기타 자격증, 어학 능력, 컴퓨터 활용 능력 등을 상세하게 작성한다.

전공의 특성 외에도 부전공, 외국어 구사 능력, 번역 등의 실력을 유감없이 밝힐 필요가 있다. 특히 요즘에는 외국어 능력을 중시하고 있으므로 중국, 러시아, 동구권 등의 새로운 시장을 대비하여 중국어, 러시아어, 아랍어 등을 익혀두면 금상첨화격이다. 그 밖에 컴퓨터 사용 능력, 운전, 운동 여부와 각종 자격증, 면허증 등의 소지를 사실대로 적어야 유리하다.

정말로 적을 것이 없는 사람은 컴퓨터 능력이나 인터넷 능력 등을 위주로 작성하면 여백을 채우는 데는 좋을지 모르지만, 그 사람이 정말로 컴퓨터를 잘 다루는지, 인터넷을 잘 활용하는지 등에 대해서 검증을 받을 수 있는 단점이 있다.

각종 수상 경력, 대회 참가 경력, 봉사활동, 학교 행사 등에 '들러리'로 참여한 것이 아니라 거기에서 자신이 어떤 역할을 했는지 6하 원칙에 입각하여 서술하고, 배우고 느낀 점 등을 곁들이는 것이 좋다.

지원자는 어떠한 과정이나 경험을 거치면서 전문 지식이나 특기를 연마하고 쌓았는지, 어떤 분야에 내세울 수 있는 지식이나 경험을 갖고 있는지를 소개해야 한다. 그래야만 자신의 능력을 효과적으로 표현할 수 있다.

## ⬚ 성장 과정

성장 과정은 어렸을 때 부모님의 교육관, 가정 환경, 가훈 등 성장 과정에서 특별히 기억에 남는 일이나 경험 등을 기술한다. 구태의연한 자기 소개서의 도입부는 대부분 성장 과정에서 시작한다. 자기 소개서의 성장 과정에는 언제, 어디서, 누구의 자식으로 태어났는지를 시작하는 경우가 대부분이었다. 특히, 성장 과정 부분은 장황하게 늘어놓아서 많은 분량이 되지 않도록 주의해야 한다. 객관적 사실보다는 자기 인생을 지배하게 된 가정 환경, 부모님들이 교육 철학, 가훈, 인생관, 가치관 등이 나타나는 것이 좋으며, 간략하게 요약하면서도 핵심을 잘 제시해야 한다.

자기 소개서는 제한된 지면이므로, 아우트라인을 작성하여 미리 자기가 써야 할 것을 간추려 본 후에 작성해야 한다. 이때 평범함보다는 가급적 다른 지원자들이 생각하지 못하는 새로운 것에 대한 기술이 필요하다. 여기에 어린 시절의 기억들을 추가하는데, 기억 나는 내용들을 단순히 나열하기보다는 그 당시의 자신의 모습, 성격, 가정 환경, 학교 생활 등을 짐작하게 할 수 있는 내용을 작성하는 것이 좋다.

단순히 '별탈없이 자랐다'고 하는 것보다는 부모님이 '자식을 위해 허드렛일을 하셨다'는 얘기가 더 기억에 남는다. 구태의연한 성장 과정을 그리고 있는 상당수의 글들은 천편일률적으로 애매모호한 표현을 쓰고 있다. 어렸을 때 인생 전체에 영향을 준 사건이나 인물에 대해서 구체적으로 물어보는 기업이 늘고 있다.

어린 시절에 대한 서술은 되도록 일화 형식으로 기술하는 게 좋다. 또한 많은 사람에게 강한 인상을 주는 방법이 적합하다. 가령, 자기 인생 전체에 큰 영향을 준 사건을 제시하거나 아주 감명 깊게 읽은 책, 주변이나 위인들 중 자신의 인생에 절대적으로 영향을 미친 인물에 대해 현재와 미래를 관련지어 이야기하면 좋다. 오늘날 성장 과정 이외에 자신의 가치관 또는 인생관을 요구하는 기업도 늘고 있다. 사회에 막 진출하려는 젊은이를 대상으로 지금까지 기나긴 학업의 과정을 거치면서 어떤 생각을 해왔고 무엇에 가치를 두고 세상을 바라보고 있는지를 묻는 경우가 많다. 성장 과정이나 가치관은 그 사람의 특징을 가장 잘 드러낸다.

## 성격의 장단점

우선 자신의 장점을 부각시켜라. 그렇다고 과장되게 작성해서는 안 된다. 성격의 장단점에서 제일 중요한 것은 솔직하게 작성해야 한다는 것이다. 장점만 부각시키지 말고 단점도 함께 언급해야 한다. 물론 인사 담당자의 대부분은 단점이 많은 사람보다는 장점을 많이 지닌 사람을 선호할 것이다.

따라서 단점은 솔직하되 간단하게 적는 것이 좋다. 자신의 단점을 장황히 묘사하는 대신 이러한 단점을 극복하기 위해 어떠한 노력을 해왔는지 그 결과 어떻게 변화했는지에 초점을 맞춰 설명해야 한다. 이러한 방법은 '스스로 단점을 파악, 개선해 나갈 줄 아는 인간형'임을 부각시킬 수 있어 오히려 자신의 단점을 강점으로 승화시킬 수 있다.

자기 소개서 내용을 함부로 거짓이라고 의심하지는 않지만, 문제는 천편 일률적인 표현에 있다. 몇 문장만 다를 뿐 대부분 지원자의 성격이 같다면, 인사 담당자는 그런 자기 소개서는 특별하게 인식하지 못한다.

자신의 성격을 언급할 때는 구체적 예를 통해 성격을 짐작하게 만들고, 사실적으로 느껴지도록 실제의 예를 드는 것이 좋다. 특히 자신의 장단점에 대한 질문은 면접시에도 자주 나오는 문제이므로 평소 자신의 장점과 단점을 철저히 분석해 두고 자신의 단점을 장점으로 끌어올릴 수 있는 방법을 연구해야 한다.

자신이 적극적인 성격이었다면, 이러한 성격을 구체적으로 기술할 수 있는 근거를 제시해야 한다. 예를 들면, 학생회 임원이나 동아리 회장 등과 같이 리더십을 발휘했다는 자료를 곁들여 서술해야 한다.

학생회, 축구 동아리 등 단체 생활을 해오면서 책임감을 얻게 되었다는 내용이다. 자신의 리더십 또는 업무 수행상 도움이 될 수 있는 능력 등은 자신의 체험과 함께 언급하는 것이 좋다. 만약 마케팅에 지원한 사람의 경우, 우선 자신의 성격이 새로운 사람을 만나는 것을 좋아하고 화술과 수완도 좋고 게다가 적극적이라면 금상첨화일 것이다.

일부러 미사여구를 동원하다 제풀에 넘어져 낭패를 보는 경우가 많다. 무엇보다 진솔하게 작성해야 읽는 이로 하여금 설득력을 얻기 쉽다. 적극적인 사고, 성실성, 근면성, 원만한 품성, 미래에 대한 도전의지, 패기 있는 성격 등을 나타낼 수 있도록 유의해야 한다. 성격이 형성된 과정과 성장 시절, 성격에 얽힌 에피소드, 경험담을 구체적으로 기술하는 것이 좋다.

예를 들어 '성취욕이 강한 사람'으로 초점을 맞췄다면, 자신의 인생에 있어서 자신의 성격이 미친 영향력 등을 유기적으로 기술함으로써 "무슨 일이든지 시작하면 반드시 맡은 일을 성취해 내고 마는 사람"이라는 자신만의 이미지를 만든다면 인사 담당자의 뇌리에 확실히 자신의 이미지는 전달할 수 있을 것이다.

자신의 성격을 묘사할 때 '인간적'이라는 인상을 주도록 노력해야 한다. 자기 소개서의 가장 큰 목적은 인사 담당자들이 자신을 한 번이라도 만나보고 싶게 만드는 데 있다. 비교적 규모가 큰 조직일수록 오히려 인간적인 지원자를 원한다는 것을 잊지 말아야 한다.

## 마무리

마무리는 정중하게 끝내는 것이 좋다. 우리가 일반적으로 쓰는 편지에서처럼 "이만 줄이겠습니다.", "안녕히 계십시오" 등 끝맺는 말이 중요하다. "날씨가 더우니 몸 건강하시길 빕니다.", "환절기에 감기 조심하세요.", "요즘 날씨가 추우니 건강에 유의하세요" 등의 짤막한 인사말을 함께 남기는 것이 좋다.

일반적인 마무리는 형식적으로 보일 수 있으니, 좀더 구체적인 마무리를 지으면 끝까지 좋은 인상을 남길 수 있다. 무엇보다도 간곡하면서도 깔끔한 마무리가 좋다. 그리고 빼놓지 말아야 할 것은 자기 소개서 마지막 부분에 그 인사말과 함께 지원 날짜와 지원자의 이름을 적는 것이다. 주의해야 할 것은 본문보다 서너 줄 정도 밑에 오른쪽으로 정렬해 쓰는 것이 좋다.

이름과 함께 서명이나 도장을 찍는 것도 좋다. 온라인 자기 소개서인 경우에는 서명이나 도장을 스캔 받아서 이미지로 삽입하는 경우도 있다. 물론 서명이나 도장은 생략해도 무방하다.

# 9

## 핵심 키워드를 뽑아내라

'자기 소개서'라는 것이 단순하지 않기 때문에 누구의 자기 소개서이든 한번 차근차근 읽어볼 것을 권한다. 자기 소개서의 관건은 미묘한 차이를 어떻게 간파하고 차별화하느냐이다. 구직자들은 자기 소개서에 무슨 내용을 써야 할지 막막하다고 종종 말한다. 그것에 대한 가장 큰 원인은 글감이 없기 때문이다.

글감이란 무엇인가. 글을 쓰는 데 꼭 필요한 재료를 모은 것을 말한다. 글을 쓰는 데 필요한 영감은 아무 때나 떠오르는 것이 아니다. 따라서 평소에 영감이 떠올랐을 때 적어두는 연습이 필요하다. 영감이 떠오른 순간, 한마디로 감을 잡는 것이다. 글감은 주제보다 소재에 가깝다. 주제란 중심 사상을 보다 간략하게 표현한 것을 의미하고, 소재란 어떤 것을 만드는데 바탕이 되는 원료를 말한다. 글감이란 글의 주제를 뒷받침하면서 글이 내용을 이루는 재료이다. 좋은 글감을 찾아내는 것은 자기 소개서 쓰기의 필수 조건이다.

좋은 글감을 찾아내기 위해서는 평소 세세하게 관찰해서 기록해놓아야 한다. 손에 들고 다닐 수 있는 메모장을 하나 준비하는 것이 좋다. 절대로 다음으로 미루지 말고 현장의 생생함을 즉시 적어두어야 한다. 특히 메모 날짜, 장소 등을 기록해두는 것이 좋다.

자기 소개서를 읽으면서 감동을 받는 요소는 '내적인 리얼리티' 때문이다. 상세한 표현이 좋다는 것이지, 그렇다고 무조건 현미경을 들여다보는 것 같은 적나라함을 말하는 것은 아니다. 자기 소개서에서 요구되는 내적 리얼리티는, 이러한 자신의 현실 파악력에서 새로운 힘을 얻는다. 읽는 사람의 기억에 남으려면 적어도 쉽게 지워지지 않는 인상을 주어야 한다. 즉, 의미가 상충되더라도 끝을 평범하게 마치는 것보다는 강렬하게 마무리하여야 인상이 깊게 남는다. 인상을 깊게 남기는 방법 중에 하나는 반전이다. 특히 반전을 꾸밀 때에는 뒷북칠 수 있도록 준비해야 한다. 어거지로 무리하게 진행하지 말고 치밀하게 준비된 내용을 던져야 한다.

## 신뢰도가 중요하다

이제 남은 것은 취사선택된 글감을 정리하는 일이다. 정리하기 위해서 중요한 것은 신뢰도이다. 그 글감 자체가 불확실하고 모호하다면 이미 글감으로서 선택될 수 없다.

생생한 사실에 근거한 것인가 되묻고 어떤 사람이 이런 글감을 좋아할 것인가 생각해 보아야 한다. 글을 잘 쓴다고 자부하는 사람들도 이 부분에서 취약할 때가 많다. 자기 소개서를 쓸 때에도 읽는 이에게 믿음이 가도록 허황되거나 불분명한 언사를 자제하는 것이 여러 모로 이득이 된다.

모든 서술은 한 가지 핵심 키워드를 갖도록 정리하는 것이 좋다. 자기 소개서에서 자신만의 특별한 이미지를 만들기 위해서 핵심을 선택해야 한다. 간혹 "자신이 어떤 것이든 다 잘할 수 있다"는 말은 반대로 "자신 있게 할 수 있는 것이 없다"는 말과 같게 취급된다.

자신의 특별한 이야기가 아닌 남들도 다 아는 극히 평범한 이야기를 자기 소개서에서 늘어놓은 경우를 종종 본다. 일반적인 주장을 피력하는 것으로는 자신만의 특별한 이미지를 만들 수 없다. 특히 지원 동기나 장래 포부 부분에서 이런 오류를 범하는 경우가 많다. 지원 동기나 장래 포부 부분은 지나치게 추상적인 일반론으로 흐르기 쉽기 때문에 무척 주의가 필요한 부분이다. 자신을 타인에게 소개한다는 전제 하에서 기술해야 한다. 자기 소개서를 다 읽었는데도 도대체 무슨 얘기를 했는지 기억에 남는 것이 없다면 문제가 크다. 따라서 타인에게 소개한다는 큰 전제를 깔고, 자신을 객관화하여 자신의 독특한 이미지를 나타낼 수 있는 일관성 있는 구성을 기획해야 한다.

# 10
## 경쟁력 있는 자기 소개서 작성법

　　　　　　　　자기 소개서에 자신을 모두 담아내기란 그리 쉽지 않다. 자기 소개서에 대한 구직자들의 공통된 문제점을 분석, 효율적으로 구직활동을 할 수 있도록 하는 소위 '경쟁력 있는 자기 소개서 작성법'은 다음과 같다.

　　📖 자기 소개서를 너무 어렵게 생각하지 말아야 한다

　쉽게 풀어 쓰라는 것이다. 좋은 자기 소개서는 느낌이 진솔하게 전달되도록 작성한 것이다. 그러나 긴장감을 상실하지 않도록 조심해야 한다. 대부분의 자기 소개서에는 자신의 특기가 잘 나타나 있지 않다. 한마디로 자기 소개서는 자신의 경쟁력을 보여주는 하나의 도구이다. 자신의 인생을 다 담을 수는 없다. 각 항목을 요즘 신문처럼 섹션화하여 정리하여 너무 혼란스럽지 않게 하는 게 좋다.

## 자기 소개서의 문체는 긴장감이 있어야 한다

글을 너무 나열하듯 쓰지 말라는 뜻이다. 자기 소개서에서 쓰이는 문체는 나사를 조이듯 긴장을 줘야 읽을 때 맛이 난다. 지루하게 나열식으로 작성하면 자신을 효과적으로 홍보할 수 없다. 예를 들면, 먼저 '성장 과정을 나열하는 것' 보다는 '직종 분야에 맞는 지원 동기'를 앞세워 읽는 사람으로 하여금 자기 소개서에 몰입하도록 분위기를 조성해야 한다.

## 자기 소개서의 문장은 통일성이 중요하다

무엇보다 통일성이 중요하다. 색깔이나 포인트에서도 이것저것 많이 쓰기보다는 통일성에 유의해서 짜야 한다. 그 다음에 자기 나름의 독창적인 컨셉을 끄집어 낸다면 좋은 자기 소개서가 나올 수 있다.

## 자그마한 것부터 배려할 줄 알아야 한다

대부분의 구직자들은 파일 이름을 거의 '이력서'라고 하는데, 자신의 이름과 지원 분야를 적어주는 것이 담당자가 받아서 정리하기 편하게 만들어주는 배려이다. 만일 입사 공고에 형식을 'MS-word'라고 했는데도 '아래한글'로 보내는 경우가 있다. 어떤 프로그램을 요구하는지도 꼭 확인해 보아야 한다. 이처럼 자그마한 것부터 꼼꼼히 챙기는 습관이 바람직하다.

### 📝 최대한 깔끔하게 작성하여야 한다

지나치게 많이 열거된 경력은 오히려 인사 담당자로 하여금 혼란스럽게 한다. 특히 표지나 쓸데없는 그림을 그려 분량을 채운다는 생각은 하지 말아야 한다. 의외로 자신의 경쟁력이 무엇인지 명확하게 인식하지 못하는 구직자가 많다. 전체적으로 정돈된 자기 소개서가 인사담당자로부터 좋은 인상을 남길 수 있다는 사실을 명심해야 한다.

### 📝 너무 튀려고 하지 말아야 한다

여러 색깔이 들어가 있는 이력서 양식은 지양해야 한다. 디자이너나 광고기획사 등은 개성 있는 이력서를 원하는 만큼 다양한 색깔을 넣어도 좋다. 하지만 일반적인 직종은 잘못하면 가볍게 받아들일 수 있기 때문에 색깔 있는 용지를 될 수 있으면 쓰지 않는 것이 원칙이다.

### 📝 자신의 정성을 보여주어야 한다

많은 구직자들이 이력서 및 자기 소개서 형태를 무질서하게 나열하거나 분량을 채우는 데 급급한 인상을 주는 경우가 있는데 자기 소개서를 쓸 때에는 정성을 다해 써야 한다.

# Ⅲ
## 실패를 가져올
## 오답형 자기 소개서

# 1
## 무지한 상태에서의 자기 소개서

기업의 인사 담당자들이 주로 말하는 자기 소개서의 단골 실수 유형을 소개하고자 한다. 아래 6가지 유형은 반드시 실패를 가져오는 것의 예이다.

📄 동일 업종의 회사를 지원할 때의 실수

"제가 만약 K은행에 입행하게 되면 K은행을 세계적 은행으로 키워놓겠습니다!"

자기 소개서의 항목이 각 기업마다 비슷하다 보니 한번 써 놓은 자기 소개서 글을 복사해서 붙여 넣는 유형이다. 이런 지원자는 대부분 '괘씸죄'가 적용되어 1차 서류전형에서 많이 탈락된다. 그 가운데 면접까지 오는 경우도 가끔 있는데, 면접관은 반드시 다음의 질문을 던진다.

"왜 K은행 입사지원서를 가지고 우리 은행에 지원을 했습니까?"

"죄송합니다… 들어가서 꼭 열심히… 해보겠습니다…."

특별한 이유와 기지를 발휘하지 않는 한, 면접을 통과하기 힘든 경우이다.

### 이모티콘을 사용한다

"안녕하세요. ^^; 살짝쿵 저를 소개할게요~ ^.^"

기업은 동아리가 아니다. 또한 적어도 연봉 2천만 원을 주면서 아르바이트 학생 정도의 수준을 뽑는 것도 아니다. 그럼에도 대학생 분위기를 탈피하지 못한 이모티콘 사용자가 상당수에 이른다.

기업에서는 이메일 한 통 보내는 것도 상당히 중요한 업무이며, 문서 작업을 통해서 지원자의 역량 평가가 이루어지기도 한다.

나름대로 자신의 정서를 옮긴다는 의도로 이모티콘을 사용하는 지원자가 많은데, 이는 비즈니스 마인드가 아직 자리 잡지 못한, 준비가 덜 된 인재로 평가받는다.

### 오·탈자가 많다

"단지 소모임에 불과하지만, 열심히 해서 많은 성과를 거둘 수 있었습니다."

　대학 재학 중 편집장을 했다던 한 지원자의 자기 소개서에 나
타난 치명적 오 · 탈자들. 이런 사람이야말로 대충대충 마인드의
소유자로 보인다. 꼭 편집장 경력이 아니라도 오 · 탈자 확인은 워
드 프로세서에서 충분히 걸러낼 수 있는 성의의 문제이다.

　　U 한자를 틀리게 사용한다

"항상 적극적 행동으로 모든 업무에 最古가 되겠습니다."

　나름대로 가독성을 높이려고 영어와 한자를 사용했다가 자신의
무식함을 여과 없이 보여주게 되는 경우이다.
　hwp 파일에서 F9 키, 윈도 상에서 컨트롤 키를 누르면 한자
자동변환이 뜬다. 그런데 동의어를 가진 몇 가지 단어들 가운데
아무거나 누르면 이런 실수가 나오게 된다. 특히 많은 대기업이
한자의 중요성을 강조하고 있는 요즘, 이러한 실수는 지원자의
한자 실력을 최악으로 평가하게 만든다는 것을 기억하라.

　　U 정보를 나열하듯 쓴다

"저는 ○○대학 경영학과 2007년 2월 졸업예정자인 이○○이라

고 합니다.

저는 1982년 서울에서 태어났고, 부모님과 남동생이 있습니다."

보통의 서류 전형은 이력서와 자기 소개서로 구성되어 있다. 따라서 이력서와 자기 소개서의 내용은 어느 정도 차별화되어야 하는데, 이력서에 작성된 내용과 정보를 자기 소개서에서 반복하는 경우이다.

인사 담당자는 이력서에 작성된 대학 이름, 학점, 토익점수만 봐도 지원자에 대해서 어느 정도 이해했다고 생각하고 자기 소개서를 읽는다. 그런데 이력서에 나온 기본 정보를 자기 소개서에서 반복하는 것은 자기 소개서 작성에 대해 연구를 하지 않은 사람이 된다. 특별하게 강조할 만한 내용이 아니면 이력서의 기본 정보 사항은 자기 소개서에서 반복하지 않는 것이 좋다.

### 지나친 자신감의 건방형/반말형

"나는 항상 최선을 다하는 최고의 인재라고 자부한다. 지금은 부족하지만 3년 정도 지나면 업계의 최고 인재가 되어 있을 것이다. 따라서 귀사가 나를 놓치면 아마도 후회하게 될 것이다."

자신감은 취업에 있어 가장 필요한 자세임에는 틀림없다. 그러나 근거 없이 막연하게 자신감을 내보이다 보면, 건방지게 허풍스

155

러워 보인다. 자신이 최선을 다하고 최고의 인재라는 것을 증명할
특별한 근거도 없이 본인의 생각만 나열하면 어떤 인사 담당자도
믿지 않는다.

그리고 경어체가 아닌 반말로 자기 소개서를 작성하는 것은 매
우 위험한 일이다. 특별한 문체 컨셉이 없는 상태에서 이런 문체
를 쓰게 되면 예의 없고 건방진, 지원자로 생각되기 십상이다.

# 2
## 불필요한 단점을 기록한 자기 소개서

자기 소개서를 작성할 때, 시작부터 숨이 막히는 것은 바닥 신입자의 문제만은 아니다. 도대체 무슨 말부터 시작해야 나의 존재를 기억시킬 수 있을까?

이러한 고민은 자기 소개서 작성에 정답은 없다는 것을 방증하는 것이기도 하다. 즉, 자기 소개서는 정답이 없는 논술형 열린 질문들의 백지 답안지와도 같다. 정답이 없다고는 하지만 오답이 없는 것은 아니다. 인사 담당자는 긁어 부스럼 만드는 자기 소개서를 자주 본다. 과장광고처럼 장황한 문장, 기입해서는 안 될 민감한 정보들, 변명 또는 겸손이라고 보기에는 자기 비하가 심한 문장들, 이런 불필요한 오답형 자기 소개서 유형들을 구체적으로 살펴보겠다.

### 종교 문제와 편향적 사고 성향

지원하는 기업이 종교 교리를 중시하는 기업이 아니라면 종교 이야기로 자기 소개서를 시작하는 것은 위험한 소재일 수 있다. 국제 전쟁의 대부분은 종교 전쟁에서 시작되었다고 봐도 될 만큼 종교는 민감한 문제이다. 가족 간의 불화의 원인 가운데 종교적인 문제도 있을 수 있다. 이렇듯 민감한 사항인 만큼 기업 내에서 종교적 색깔이 강한 인재를 기피하는 것은 인사 담당자와 동일 종교라 할지라도 지원자의 종교적 신념이 업무에 영향을 줄 수 있다고 판단하기 때문이다. 따라서 다음과 같은 문장으로 시작하는 것은 실패를 가져올 오답형 자기 소개서이다.

"독실한 기독교 집안에서 태어난 저는…"
"신앙의 힘으로 어떤 어려움도 잘 견뎌내었으며…"
"주일을 잘 지킬 정도로 약속을 철저하게 잘 지키며…"

자신의 종교와 신앙의 문제는 지극히 개인적인 것이다. 이에 대해서는 그 어떤 누구도 비관할 자격이 없다. 헌법이 보장하는 기본권이기 때문이다. 그러나 취업은 비즈니스이지 개인의 신앙과 종교를 전도하는 과정이 아니다. 이런 과도한 성향은 압박 면접의 주요 대상이 되기도 한다.

종교와 더불어 정치 성향과 학생 운동에서 논의했던 정치적 신념도 밝히지 않는 것이 좋다. 아무리 그것이 옳다고 해도 이익 창출을 목표로 하는 기업에서 그런 이념적 성향에 시간을 쏟을 직원을 좋아할 리 만무하다. 비즈니스는 비즈니스다. 이 원칙만 지키면 긁어 부스럼 낼 일은 거의 없을 것이다.

### ◡ 학력 콤플렉스와 스펙 변명하기

편입학자가 많아지면서 이력서란에 원입학 대학 표기와 제2캠퍼스 여부 표기를 구분해놓고 있다.

"저는 정말 대학생활에 최선을 다했고 후회가 없습니다. 서울에서 대학을 나오진 않았지만 그 친구들 못지않은 자신감과 왕성한 활동으로 나름대로 충실하게 지내왔습니다."

"편입은 저에게 어쩔수 없는 선택이었습니다. 전공은 잘 맞았지만, 너무 멀어서 통학하기가 힘들었습니다."

"편입은 저를 찾기 위한 진지한 고민이었습니다. 성적은 좋지 않지만 누구에게도 뒤지지 않을 자신이 있습니다."

인사 담당자는 이런 이야기가 모두 사실이고 솔직한 고백이라는 것을 잘 안다. 하지만 이런 지원자들이 한둘이 아니고 모두 비슷한 문장들을 사용하고 있기 때문에 인사 담당자에게는 모두 식상한 문구 또는 변명으로 보이는 것이다.

훌륭한 문장력을 가진 사람이 아니라면 약점이 될 수 있는 사항을 글로 적은 것은 바람직하지 않다. 이런 약점은 면접에서 눈을 마주 보고 하는 것이 가장 효과적이다. 면접 때 나올 약점 질문은 혼자만 머릿속으로 미리 생각해두면 된다. 미리부터 자신의 약점을 자기 소개서에 적어둘 필요는 없다.

자기 소개서에서 약점은 아무리 글로 잘 써봐도 눈을 보고 대화하지 않는 이상 효과가 없다고 봐도 무관하다.


## 🖉 겸손이 지나친 자기 비하의 단점 쓰기

기업에서 성격의 장점 외에도 단점을 쓰라는 것은 솔직한 고백을 듣고자 하는 의도도 있지만, 직무에 어울리지 않는 성격을 파악하기 위함도 있다. 영업직 지원자가 사람 사귀는 데 시간이 좀 걸리고, 낯을 많이 가리는 단점이 있다고 기술한다면 이는 치명적 결격 사유가 될 수 있다. 본인 입장에서는 다른 경쟁자에 비해서 상대적으로 그렇다는 것이지 절대적인 단점을 쓴 것이 아닐 수도 있지만, 문서로 볼 때는 절대적 평가가 이루어질 수 있음을 알아야 한다. 따라서 겸손이 지나친 자기 비하성 문장은 생각만큼 자신을 겸손하게 보이게 하지 않으며, 지면이 그렇게 넉넉하지도 않다.

솔직한 것과 순진한 것은 다른 것이다. 솔직하게 쓰면 모든 것이 진실되게 보일 수 있다는 순박한 전략에서 벗어나 광고적 전략으로 접근하기 바란다.

햄버거를 많이 먹으면 건강에 좋지 않은 것은 사실이지만, 광고는 늘 밝고 유쾌한 장면을 위주로 한다. 술을 많이 먹으면 안 좋다는 문구는 술병 가장자리에 보일 듯 말 듯 써놓는다. 자사 상품의 단점을 길고 자세하게 표현하는 회사를 본 적이 있는가? 솔직하되, 전략적으로 솔직할 수 있는 것이 사회생활에서 필요한 처세라는 것을 자기 소개서를 통해 깨닫기 바란다.

# 3

## 약점을 극복하려는 자기 소개서

○ 학벌과 학력은 다른 것이다

취업 준비에 있어서 완벽한 스펙이란 존재하지 않는다. 누구나 핸디캡을 가지고 있으며, 그 비중이 얼마나 되는지의 문제일 뿐이다. 그 중 가장 크게 다가오는 것이 학력 문제일 것이다. 명문대 출신이 아니라서 사회편견의 잣대로 평가받는 것을 억울해하는 구직자가 상당수에 이른다. 현실적으로 정도의 문제겠지만, 대학 브랜드 차이에 따른 차별은 여전히 현실이며, 이것은 앞으로도 변화가 없을 것이다.

모 기업은 특정대학 출신자가 전체 직원의 반을 차지하는 경우도 있다. 이런 경향은 이공계보다는 인문사회계에 더 강한 편이다. 최근 채용 동향에선 이런 경향이 이공계를 중심으로 약해지고 있는데, 이는 각 대학의 특성화 전략과도 맞물려서 새로운 학벌주의 형성의 조짐도 보이고 있다.

## ◻ 학벌 약점에 대한 인정

학벌과 학력은 다른 것이다. 학벌주의를 없애자며 투명한 사회를 위해 필요한 과정이나 학력까지 무시하자는 것은 또 다른 역차별이다. 학력에 의한 직무 구분이나 능력 차이를 무시한다면 대학교육이 존재할 이유가 없을 것이다. 학벌의 차별에 대해서는 바로 잡되, 학력의 차이를 무시해서는 안 된다.

지방대 출신이면 눈높이를 낮추고 회사 규모에 상관없이 들어간 회사를 크게 키우면 되는 것일까? 이러한 눈높이를 낮추라는 이야기는 구직자 각 개인의 목표와 적성을 무시한 사회적 고용불안 해결을 위한 정책적 발언이 될 수 있다.

① 전공에 대한 확신과 비전이 있다면 전공 열정을 강조해보자.
지방대학이라는 약점을 굳이 변명으로 내세우지 않아도, 자신이 가진 관심사와 전공에 대한 열정으로 자신을 신념이 강한 인재로 설득하면서 문장을 이어가도록 한다. 수동적인 스펙이란 조건값에 얽매이지 않고 능동적인 자세로 자신의 의욕을 펼쳐라.

② 적극적이고 창의적인 활동 사항이 있다면 성과를 중심으로 성격의 장점을 강조하자.
만약 학업 성적이 별로 좋지 않거나 전공 열정이 약하다면 창의적 활동을 통한 접근이 효과적이다.

학생회 활동을 해서 리더십이 있다고 표현하는 것보다 왜 학생회 활동을 했는지 쓰는 것이 지원자의 삶의 가치관을 이해하는 데 훨씬 도움이 되면, 그 시간을 어떻게 채워왔는지 서술하여 자신의 열정과 적극성을 부드럽게 이해시키는 것이 효과적이다. 자신이 거쳐온 시간들을 잘 정리하여 자신의 매력을 설득하는 것이다.

아르바이트도 마찬가지이다. 사소한 아르바이트 경험도 그냥 넘기지 말고 그 시간을 통해서 배운 자신의 경험과 교훈을 구체적으로 표현해 보자. 예를 들어 판매직이라면 하루에 몇 명의 고객이 만났고 얼마를 팔았는지, 고객들이 자신의 어떤 점을 좋아했는지까지 생각해보고 이를 지원하는 분야의 고객들과 어떤 커뮤니케이션 스킬로 연계할 것인지 기술한다면 더욱 설득력이 생길 것이다.

③ 인간적이고 소속감이 높다면 입사 동기와 입사 후 포부에 집중 공략하라.

실제로 대기업에 근무하는 지방대 출신 직장인들은 회사에 대한 애사심과 충성도가 높아서 이직률도 낮고 장기근속자도 많다. 삼성전자의 경우 임원 5명 중 1명은 지방대 출신이라는 데이터를 봐도 결코 희망을 주기 위한 조언만은 아니라는 것을 알 것이다.

입사 동기와 포부는 인사 담당자들이 가장 눈여겨보는 항목이기도 하지만, 지원자 입장에서도 자신을 남들과 차별화시킬 수 있는 절호의 공간이기도 하다. 약점이 많을수록 동기와 포부에는 드라마틱하고 열정적인 패기를 담아야 한다.

# 4

## 추상어로 기술된 자기 소개서

처음부터 끝까지 어디선가 본 듯한 문장들로 이어지는 경우, 예를 들어 국제화 시대, 글로벌 시대, 무한경쟁 시장, 블루오션이라는 단어를 연발하면서 간간이 전공용어 몇 개 섞어서 인사 담당자에게 자신의 지식을 전달하는 자기 소개서는 이미 자기 소개서의 본분을 망각한 것이다. 자기 소개서에 자신만의 이야기가 중요한 것이지 멋진 문장이 중요한 것이 아니다.

다시 한 번 강조하지만, 자기 소개서는 자신이 적임자임을 전달하는 설명의 문서이다.

"모든 일에 최선을 다하겠다. 다양한 경험을 쌓아왔다. 나의 발전이 회사의 발전이다. 국제적인 경험이 넓은 사고를 갖는 데 도움이 되었다. 기회만 주신다면 평생을 바쳐서 일하겠다. 필요한 인재가 되겠다. 대인관계가 원만하다…"

밑줄로 표기된 '최선' '다양한 경험' '넓은 사고' '원만한 대인 관계' 등의 추상적인 표현들은 지루할 수밖에 없다. 추상어로 가득 차 지루한 자기 소개서는 인사 담당자들에게 정보로서의 가치도 없을 뿐만 아니라 전혀 알지 못하는 외국어로 쓰여진 책과 같이 막연하게 느껴진다. 따라서 자기 소개서에서는 추상어를 지양하고 구체어를 지향해야 한다.

구체어는 자신에 대한 진지한 고찰과 시간 투자 없이는 나올 수 없다. 따라서 자기 소개서를 작성할 때는 최소 2주간의 자기 분석이 필수적이다. 이런 구체적인 자료를 확보하지 않은 상태에서 글을 쓰게 되니 추상적인 표현이 나오는 것이다.

첫 문장과 나중의 문장 중 어떤 것이 더 명쾌하게 와 닿는가? 자기 소개서는 구체어를 써야 설득력 있는 문서가 된다. 그런데 이런 구체어는 표현의 대상을 자세하게 분석하지 않고서는 불가능하다. 자신을 소개하는 일에도 분석이 필수다. 만약 자기 분석에 어려움을 느낀다면 가족부터 시작해 보길 바란다. 이도 어려우면 전장에서 언급했던 방법을 조금 더 응용하여 다음과 같이 순차적으로 해보는 것도 효과적일 것이다.

① 집안에 있는 모든 앨범을 꺼내고 백지와 색연필을 준비하라.
② 한 이틀 동안 사진을 보면서 드는 생각들을 백지에 옮겨 적어보라.
③ 자신을 충분하게 표현하였거나 의지를 보인 사진을 별도로

모아두라.

④ 백지에 쓰인 글들을 비슷한 것끼리 묶어보고, 재정리를 통해서 요약해 보라.

⑤ 사진과 글을 가족에 맞춰서 재배열하고 구체어로 표현해 보라.


이러한 과정은 취업에 대한 새로운 고민을 하게 만들 것이다. 자신감을 잃을 수도 있다. 그러나 그 과정마저도 취업을 하기 위해서 거쳐야 하는 과정으로 생각하면 재미있는 시간으로 채워질 것이다.

자기 분석이 끝난 후에는 지원 회사 또는 직무에 대한 조사를 해야 한다. 면접관 입장에서는 지원자의 회사에 대한 조사 결과만 봐도 지원자의 지적 능력과 입사 열정을 확인할 수 있다. 참고로 지원 회사를 표현하는 단어는 '귀사'라고 표현하는 것보단 회사의 전체 이름을 다 표현하는 것이 그 회사만을 위해서 작성된 것으로 보이기 때문에 좋은 인상을 남길 수 있다. 학교에서 선생님이 출석부에 올라 있는 번호가 아니라 학생의 이름을 제대로 불러줄 때, 학생의 교사에 대한 신뢰감이 높아지는 것과 같은 속성이다.

자기 소개서는 연애편지와 똑같다. 한번 써둔 편지를 여러 명에게 보낼 경우, 답장이 올 확률은 더 적다. 그러나 오직 한 사람을 위한 진심과 사랑이 담겨 있다면 마음에 없던 사람이라도 눈여겨

읽어볼 것이다.

지원회사의 정보는 인터넷은 기본이거니와 지원하기 전 직접 방문을 통해서 얻는 것이 좋다. 인터넷 정보는 누구나 언제든 찾을 수 있는 상식이기에 정보로서 큰 가치가 없다. 실제 차별화된 정보들은 도서관, 대형 서점, 해외 웹사이트, 협회지 등에 많다.

처음 정보를 수집할 때는 무작위로 모으고, 그 후 수집된 자료를 분야별로 나눈 후, 지원분야에 연관된 자료로 집중화시키면 정보를 효과적으로 사용할 수 있을 뿐만 아니라 면접에서도 큰 효과를 볼 수 있다.

# 5

## 부분별 오답형 자기 소개서와 어드바이스

최근에 각 기업에 제시된 자기 소개서 중에서 오답형 자기 소개서 몇 가지를 부분별로 소개하고 그에 대한 필자의 어드바이스를 게재한다.

### ◻ 자신의 성장과 정

어린 시절 저는 어머니가 보이지 않으면 바로 울어버리는 울보였습니다. 이렇게 어머니만 찾는 제 특성은 부모님의 걱정거리였습니다. 결국 부모님께서는 사소한 결정부터 제 스스로 하도록 하셨습니다. 옷을 사는 것부터 어학연수를 가는 것까지 스스로 결정하면서 많은 것을 느끼고 배울 수 있었습니다. 다른 사람에게 의지하던 아이에서 자신이 결정한 일에 대한 결과까지 책임질 줄 아는 사람으로 성장할 수 있는 발판이 되었습니다.

성장과정에서 중요한 것 중 하나가 가정 교육이고, 본인도 그런 면을 부각시키려고 하는 것 같은데 이 점이 충분하게 전달되지 못한 것 같다.

그 이유는 자립심을 키워주시는 과정에 대한 이야기가 너무 빨리 비약적으로 전개되었기 때문이다. 이 부분의 수정이 필요하다.

### 개인적인 특성, 장단점

대학 시절 1년 동안 주점에서 파트타임으로 일하면서 항상 10분 전에 출근하였습니다. 정시에 도착하여 가게 오픈 준비를 하는 것보다 준비 시간에 여유가 있었기에 일찍 들어오는 손님을 받을 수가 있었습니다. 일찍 일을 끝냈을 때 편리함을 알기에 모든 일을 맡은 즉시 처리합니다. 하지만 일을 빠르게 처리하다 보면 실수로 할 때도 있습니다. 이럴 경우를 대비해서 저는 일을 완전히 끝낼 때까지 2~3번 확인하여 실수를 최소화하려고 노력합니다.

개인의 특성이 직무에 어떻게 도움이 되었는지 간단하게 쓰면 좋을 듯하다. 구체어가 자주 보이고 있는 점은 매우 좋다.

171

## 🖐 희망직무 선택에 따른 동기와 적성

패키지를 동반하지 않는 단순 소프트웨어는 외국 제품일지라도 국내에서 이용할 때 관세를 지불하지 않습니다. 이것을 알았을 때 무역학을 배웠던 저는 혼란을 겪었습니다. 수출입에 관련된 법과 서류에 대한 전반적인 지식은 학교에서 배우고, 무역회사의 인턴, 실무 연습을 위한 ○○ 무역 인큐베이터의 참가 등 무역인이 되고자 꾸준히 경력을 쌓아왔습니다. 최적의 공급사 선정에 관한 관심, 외국과의 협상을 포함한 국제 무대에서 구매 및 물류에 관한 모든 관심이 ○○상사 무역 부문에서 지원하게 된 동기입니다.

### 어드바이스

직무에 대한 관심을 보일 수 있는 소재는 좋다. 그러나 경력이 쌓여 왔다는 단어 앞에 뭔가 허전함이 있다. 경력 중 ○○상사에 연관된 부분이 있다면 그에 대한 언급도 있었으면 좋을 것이다. 적성 부분도 통상 업무의 핵심인 다양한 상식 및 매크로 시각으로 연결하여 접근해보기 바란다. 구매 및 물류에 대한 관심 중에서도 더 구체적인 분야를 언급해 보는 것도 괜찮다.

## 🖐 자신의 직업관과 비전

대한민국에서 기업이 생존하기 위해선 상품의 수출은 꼭 필요한 조건이며, 소비자가 원하는 물품의 관리, 유통 등에 있어서도 전문적이어야 한다고 생각합니다. ○○상사는 국내 경제 발전의 기반인 수출입 업무를 하는 국내 일류의 기업입니다. 저는 이러한 ○○상사에서 전공과 ○○무역 인큐베이터에서의 실무 경험을 바탕으로 한 귀사의 현업 경험을 통해 이 분야에서 인정받는 국제구매 전문가가 되고자 합니다. 이론뿐만 아니라 실무적인 지식을 쌓아 ○○회사에서 products까지 모두 다루는 무역인이 되겠습니다.

### 어드바이스

첫 문장이 자신의 직업관에 어떤 연관이 있는지? 이 항목은 직업관과 이 직업을 통한 자신의 프로 근성을 어떻게 살려 나갈 것인가를 묻고 있다. 보다 개인적인 이야기도 허용될 수 있는 공간이기도 하다. 짧은 지면이지만 하더라도 기억에 남는 단어로 자신의 이야기를 쓴다면 더욱 설득적인 자기 소개서가 될 것이다.

전반적으로 무난하지만 그렇기 때문에 많은 지원자 중에서 기억되기에는 부족함이 있을 수 있다. 점수로 본다면 대략 80점 정도의 자기 소개서이다.

### 자신의 장단점

■장점
−뚜렷한 목표가 생기면 뛰어난 집중력과 끊임 없는 노력을 기

울이는 스타일이기 때문에 늘 자발적으로 동아리, 인턴십 프로그램, 봉사활동 및 경진대회 등을 찾아 도전하고 그 과정을 즐길 줄 압니다.

-어릴 적부터 예의 바르다는 칭찬을 들어올 만큼 남을 존경하고 배려하는 습관도 몸에 배어 있어 조직 내에서 구성원과 쉽고 빠르게 융화되는 편입니다.

-모르는 것이 생기면 늘 지니는 수첩에 적어두었다가 반드시 찾아보는 습관이 있어, 어떤 일이나 꼼꼼하고 신속하게 처리합니다.

-"기분 좋은 일 있어?"라는 인사를 수시로 들을 만큼 늘 웃는 얼굴로 상대를 대하고, 이런 제 기분을 타인에게도 전달하고자 노력합니다.


■단점
-처음 보는 사람들에게는 첫인상이 조금 강하고, 다가가기 힘들게 느껴진다는 말을 듣곤 하는데 이 때문에 첫 만남을 더욱 중시하게 됐습니다.

-아플 때 늘 아버지가 '여자도 군대에 가야 한다'고 하실 만큼 체력이 달릴 때가 있었는데 이를 계기로 규칙적인 운동 습관을 지니게 되어 현재는 튼튼한 체력의 소유자가 되었습니다.

## 어드바이스

장점은 두 가지 정도로만 집약하는 것이 좋다. 이렇게 장점이 많으면 실제 큰 장점들이 죽을 수 있다. 가장 큰 장점을 중심으로 축약하고 강조하다.

첫인상에 대한 부분이 외모 때문인지 말투 때문인지 더 확실하게 구체적으로 쓰도록 한다.

📝 특기 및 경력 사항

자신이 목표로 하는 역량을 키우기 위해 다른 전문가나 관련인을 효과적으로 활용했던 경험과 한 가지 기술이 있습니다.

사례 개요 : 영어 말하기 대회에 참가하여 원어민 교수님과 함께 대회 준비를 통해 '우승'이라는 결과를 성취했습니다.

**어드바이스**

우승의 원인을 보다 구체적인 사실로 접근하면 좋을 것이다. 예를 들면, 처음 몇 가지 발음이 안 되는 단어를 자연스럽게 발음하기 위하여 볼펜을 입에 물면서 연습하고 이동 중에는 녹음해 놓은 것을 계속 들으면서 발음 교정을 했다는 등의 이야기는 지원자의 업무적 성향을 파악하는 데 큰 도움이 된다.

📝 성공적인 이유나 근거

① 내가 반드시 이뤄낼 수 있을 것이라는 긍정적인 태도와 확

신, 자신감

② 교수님과 함께 한 끊임없는 노력

③ '제8회 ○○시대 학생 외국어 말하기 대회' 영어 부문 1위

어드바이스

근거가 조금 더 구체적으로 표현되어야 한다. 예를 들면,

① 어떤 일이든 내가 마무리를 지어야 한다는 프로 정신과 말보다는 행동으로 실천하고자 잠을 아껴서라도 실천하는 실천력!

② 나의 힘이 부족하면 효과적으로 도움을 청할 수 있는 인적 네트워크 이용 능력

교내 활동 및 사회봉사

대학 4년 동안 성실히 영어회화 동아리 활동을 하며 언어 능력 향상뿐 아니라 대인 관계의 중요성을 느끼고, 여기서 얻은 자신감으로 부회장을 역임하면서 조직내에서 리더의 역량이 얼마나 중요한가를 깨달았습니다. 또한 20여 차례의 스피치를 통해 프레젠테이션을 익히기도 하고, 영어 경시대회에 참여하면서 승리의 기쁨과 노력의 중요성도 알게 되었습니다. '2005 ○○국제마임축제' 에서 자원봉사를 하며 학생으로서 뿐만 아니라 지역 구성원으로서 참여하는 '봉사' 가 사회 경제 문화적으로 얼마나 긍정적인 효과를 발생기키는지 직접 느낄 수 있었다.

너무나 진부한 표현이다. 자기 소개서가 길면 지원자도 지루한 사람일 것 같다는 느낌을 준다. 표현 중복은 피해야 한다.

반복되는 이야기가 개인의 성격 파악에는 도움이 될 수 있으나, 능력적인 부분에 어떤 준비가 되어 있는지 알기에는 부족함이 있다.

특히 띄어 쓰기와 맞춤법이 틀린 곳이 많다. 이런 작은 노력이 그 사람의 꼼꼼함을 확인할 수 있는 사항이 되기도하다.

특정 지문에 대한 답변식 문장들은 더 요약된 문장으로 가독성을 높이기 바란다.

### 🖊 성격 및 남다른 지식이나 재능

가장 많은 회원수를 가진 교내 토론 동아리의 회장직을 맡아오면서 가장 어려웠던 점은 큰 학술대회를 앞두고 의견 차이로 인한 갈등으로 서로 만나기조차 꺼려하는 선배들과 후배들 간의 의견 조율이었습니다. 그 난관 속에서 저는 어린 시절부터 쭉 봐 오던 집안의 가훈을 생각했습니다. '5리를 가고자 하는 자에게 10리를 동행하라' 저는 이 제목의 메일로 60명이 넘는 회원들에게 3일 밤을 꼬박 새워 현 문제와 그 해결 방안 그리고 모두의 협력을 원한다는 글을 썼습니다. 제 글을 읽은 후 회원 모두는 10리의 동행 길에 흔쾌히 나서 주었습니다. 제 성격의 단점은 무모함이 될 수 있겠지만 이 완벽을 추구하는 성격 덕분에 지금은 가장 잘 협력하는 학회가 되었습니다. 저의 남다른 재능은 진정한 문제는 문제 자체에 있는 것이 아니라 그 문제를 해결 할 방안을 못 찾는데 있다고 생각하는 적극성입니다. 문제에 직면했을 때 그것을 해결의 시작으로 보는 긍정적이고 도전적인 성격을 가지고 있습니다. 많은 단점을 가지고 있지만 그 단점들 또한 적극적인 자세로 모두 극복 가능하다는 것이 제 강점인 것입니다.

## 어드바이스

한 가지 사례를 통해서 본인의 '완벽지향적' 성격을 표현하시고자 한 것 같은데, 그 외의 질문에서 요구한 남다른 지식이나 재능 같은 부분은 본 자기 소개서에는 녹아 있지 않다. 그리고 단점에 대한 부분도 뭉뚱그려 '많은' 이라고만 표현하셨는데 좀더 구체적으로 말하면 더 좋았을 것이다.

본 항목의 질문의 초점은 업무를 위하여 필요한 역량이 잘 갖추어져 있는지를 알아보는 것이라고 생각한다. 업무에 따라 필요한 역량은 분명히 다를 것이다.

영업의 예를 들면, 영업을 하는 사람은 굳이 완벽을 추구하고, 꼭 꼼꼼해야 할 필요는 없다. 영업에 필요한 항목은 배짱과 추진력, 원활한 대인관계 등이 될 것이다. 물론 꼼꼼하면서 이러한 것들을 갖추고 있다면 금상첨화이겠지만, 성격이라는 것의 속성이 양면적인 것이라, 꼼꼼하고 배포가 큰 사람은 많지 않고, 또 반대로 외향적인 사람이 세세하고 완벽을 추구하는 경우도 많지 않다.

따라서 영업을 지원하는 사람에게 꼼꼼하지 못하다는 단점은 본인의 배짱, 추진력, 원활한 대인관계 등의 장점 앞에 그다지 문제가 되지 않을 것이다. 본인이 지원하는 직군에서 요구하는 성격과 유효 역량을 잘 파악하고 그에 맞추어 장단점을 조금 각색하지면 좀더 경쟁력이 있을 것 같다.

### 관심 있는 분야나 취미와 특기

폴란드에서의 국비 교환학생 시절 동안 아무도 저를 알아주지 않았지만 저는 그런 감정에 굴하지 않고 '친구 만들기 14일 프로젝트'에 착수했습니다. 7층 기숙사 건물에 있는 70여 개의 모든 방을 방문할 생각으로 하루에 다섯 개의 방을 방문하기 시작하여 14일 걸려 그 계획을 마치고 나자 제가 기숙사 내의 유명인사가 되어 있었습니다. 회사 이익 창출의 근본이 되는 고객 또한 이와 같다고 생각합니다. 전략 없이는 아무도 먼저 관심을 가져 주거나 호의를 베풀지 않을 것입니다. 하지만 저는 연수 시절의 경험을 통해 어떻게 하면 그들의 관심과 호의를 얻을 수 있는지 관심을 가지게 되었습니다. 처음에는 모든 것이 불가능해 보였습니다. 하지만 Impossible에 ' 부호 하나만 찍으면 I'm possible이라는 정반대의 말이 됩니다. 저는 불가능에 점을 찍을 수 있는 특기를 가지고 있습니다. 불가능을 가능으로 만들어 가는 과정은 언제나 저를 흥분시키고 도전 정신으로 감싸줍니다. 어느새 불가능을 가능으로 만드는 일은 제 특기이자 취미가 되었습니다.

## 어드바이스

'관심 있는 분야나 특기'와 기술한 내용 간의 어떠한 상관관계가 있는지 모르겠다. 오히려 본 항목에 기술하신 내용은 앞 항목 '성격 및 남다른 지식이나 재능'에 맞는 내용이 아닐까 싶다.

그리고 나 또한 가끔씩 이러한 오류에 빠지곤 했다. Impossible의 예화를 꼭 삽입하고 싶어한 느낌이 든다. 그러나 이것이 글에 잘 녹아 있다기보다는 말을 위한 말이라는 인상이 강하다. 예화라는 것은 다른 것들을 설명하기 위해서 있는 것이지, 예화를 설명하기 위해서 다른 것들을 대입하는 것은 앞뒤가 맞지가 않다.

특기라는 것은 특별한 기능을 잘한다는 것일진대, 불가능을 가능으로 만드는 것이 특기이자 취미라고 설명하는 것은 무언가 질문의 요지와는 벗어난 느낌이다.

### 지원 동기와 입사 후의 포부

일어와 경영학을 공부하며 얻은 결론은 우수한 경영전략은 최대 500인의 고객으로까지 이어진다는 것입니다. 하지만 우수한 경영전략도 고객 500인의 효과를 위해서는 혁신과 개혁을 이끄는 개성이 뚜렷한 자신의 일에 열정의 사원을 필요로 합니다. 바로 ○○기업의 인재상과 부합하는 이 결론으로 저는 진짜 ○○회사의 우수 인재가 되고 싶습니다. 저의 목표는 기네스북에 올라 있는 전설의 세일즈맨 조지라드와 같은 직원으로 그와 같은 경영 전략을 세우는 것입니다. 저는 '고객 250의 법칙'을 마련하여 1명의 고객을 그 사람이 영향을 미칠 수 있는 사람의 수까지 포함해 총250의 사람으로 간주한 것입니다. 디지털 시대에 살아가는 현시점에서 이 법칙은 더 큰 파급 효과를 지닐 수 있다고 생각합니다. 저는 토론 동아리의 회장직을 통해 전하고자 하는 의도나 주제를 정확히 전하는 능력을 배양했습니다. 또한 10여 년 가까이 활동을 한 '○○의 마을'에서 사람의 마음을 읽고 더불어 사는 봉사정신을 갖게 되었습니다. 따라서 저는 '고객 500인의 법칙'을 현실로 이룩하는 우수 인재가 되겠습니다.

### 어드바이스

가장 많이 수정해야 할 부분이라고 생각한다. 본인만의 지원 동기와 입사 동기의 포부는 찾아볼 수 없고, 누구나 할 수 있는 다른 사람의 이야기로 지면을 준비한 듯한 느낌이다.

또한 전반적으로 자기 소개서를 검토하며 머릿속에 든 생각인데 다른 회사에도 지원한 원서를 항목에 맞게 복사하여 붙인 인상을 지울 수가 없다. 지원하는 회사에 따라, 직무에 따라 자기 소개서는 달리해야 한다. 연애에 있어서도 이 사람에게 먹히는 전략이 저 사람에게도 먹히는 것이 아니잖은가. 성공적인 연애를 위해서도 개개인의 특성을 파악하는 전략이 필요할진대 자기 소개서는 두말 할 필요도 없다.

# 자 기 소 개 서

| 성장과정 | |
|---|---|
| 본인성격 | |
| 성격유형<br>(해당위치에○표) | 외향형　　　내향형 사고형　　비사고형 낙천형　　　비관형<br>｜　｜　｜　｜　｜　　　｜　｜　｜　　｜　｜　｜<br><br>이상형　　　현실형 유화형　　고집형 노력형　　　기지형<br>｜　｜　｜　｜　｜　　　｜　｜　｜　　｜　｜　｜ |
| 행동TYPE | |
| 생활신조<br>(인생관) | |
| 지원동기 | |
| 희망직종 | |
| 장래포부 | |
| 특기사항 | |

※입사지원서 및 자기소개서는 사실에 입각하여 본인이 작성하였으며 기재 내용 중 허위사실이 발견되면 귀사의 여하한 조차에도 승복할 것을 서약합니다.

년　　　월　　　일

위 지원자인　　　㊞

| 학　교 | 대<br>학 | A | B | C | D | F | 평균/만점 | 대<br>학<br>원 | A | B | C | D | F | 평균/만점 |
|---|---|---|---|---|---|---|---|---|---|---|---|---|---|---|
| 성　적 | | | | | | | | | | | | | | |

182

# IV

## 부분별
## 모범 자기소개서

# 1
## 성장 과정

● 어린 시절에는 누구나 마음에 한 사람의 위대한 인물을 품고 그 인물을 지향하고 자란다고 하지만, 제게는 거리감이 느껴지는 그런 위인 대신 거창하지는 않지만 성공한 사회인으로 세상을 살아가는 지혜를 몸소 보여주시는 아버지를 통해 사회를 보는 안목을 키웠습니다.

그런 안목으로 인해 평생 학창 시절 학급 대표 활동으로 리더십과 사명감을 가질 수 있었습니다.

● 힘들고 어려운 생활 속에서도 3남매를 대학 졸업까지, 부족함이 없이 뒷바라지하시고, 안정된 가정을 이루어 가기 위해 노력하시는 부모님과 함께 언제나 성실하게 살려고 노력하는 가풍에서 자랐습니다.

● 태어난 곳은 푸르름이 용솟음 치는 지리산과 싱그러운 포도

나무가 무성한 무주입니다. 그 곳에서 2남 1녀 중 장녀로 태어났습니다. 대학 1년 여름, 경찰관이셨던 아버지께서 공무수행 중에 순직하셨습니다. 갑자기 힘겨워진 집안 사정 때문에 디자이너의 꿈을 포기할까 망설이기도 하였지만 저의 인생의 최후의 목표라 생각하고 전력을 다해 노력하였습니다. 이렇게 버텨온 뒤에는 어머니를 비롯해 많은 사람들의 눈물이 있었습니다. 벼랑 끝에 서본 적이 있는 저는 지난 세월 흘린 땀에 대한 보상을 위해서라도 디자이너의 꿈을 반드시 실현하고 싶었습니다.

● 민주적이고 자유 분방한 사고방식을 갖고 계시는 부모님은 어떤 일에서든 부모라는 이유로나 자식들에게 강요하거나 권위적인 모습을 보이지 않으십니다. 언제나 저를 신뢰한다는 말씀과 함께 제 의견과 행동을 존중해 주시며 어떤 일에 직면하든 결과를 제시해 주시기보다는 제 스스로 대처해 나가는 것을 묵묵히 지켜봐 주십니다.

어린 시절부터 몸에 밴 이런 환경은 제게 자신감과 당당함, 냉철한 판단력을 갖게 했습니다. 유통회사 이사로 계시는 아버지는 사회생활에서 인간관계가 무엇보다도 제일 중요하다는 것을 제게 일깨워 주신 분입니다. 세상은 혼자 살아가는 것이 아니라며 관계를 맺고 계시는 분들의 집안 애경사에 빠짐없이 참석하여 성의와 정성을 다하시는 아버지를 보고 자라면서 저 역시 많은 친구들과 어울렸고 따뜻하고 폭넓은 인간관계를 맺어 왔습니다.

중학교 때까지 학급 대표를 세 차례 거치면서 리더로서의 포용력과 솔선수범하는 자세를 배우기도 했습니다.

● 경북 영주에서 자랐을 때 제 모습이 남겨져 있습니다. 초등학생 때의 낡고 흐릿한 사진첩도 옛집에 그대로 남겨져 있으며, 고향을 지니며 살아가시는 부모님이 지금도 그곳에 계십니다. 어린 시절 서울로 형을 따라 큰아버지 집으로 오면서 초등학교 ○학년 무렵부터 부모님과 떨어져 살게 되었던 것을 기억합니다.

방학 때마다 영주와 서울을 오가며 생활을 했지만, 여러 가지 경제적 사정으로 부모님께서는 양돈업을 하시며 영주에 스스로 머무르고 계십니다. 그로 인해 유년 시절 부모님과 떨어져 있는 시간이 많았습니다.

그러나 몸은 멀리 떨어져 있더라도 가족의 마음은 늘 제 곁에 머물러 있다고 생각하면서 당시 제 생활에 충실했던 기억이 있습니다. 어리광을 부리며 의지하기보다는 자립해서 생활하는 시간이 많았던 까닭에, 스스로 강인해질 수 있었던 계기가 되었다고 생각합니다. 무엇보다도 자신의 일에 대해 책임을 지고, 작은 일에서부터 하나하나 계획을 세워 실행하는 과정에서 자립심을 얻을 수 있었던 좋은 기회였다고 믿고 있습니다. 서툴렀지만 나름대로 깊이 있는 생각과 누구도 대신해줄 수 없는 저의 인생에 대한 책임 의식을 깨달아가는 시기였다고 생각합니다.

●바다가 바라다보이는 여주에서 평범한 가정의 3녀 중 막내딸로 태어나 유난히 가족들의 사랑을 듬뿍 받으며 자란 덕에 '사랑 받은 사람이 사랑을 베푼다'는 말처럼 따뜻한 마음과 다른 사람을 배려하는 넓은 마음을 가지고 자랐습니다. 끝없이 펼쳐진 바다만큼 꿈이 많았던 어린 시절, 부모님은 제게 마음껏 꿈을 펼칠 수 있는 여러 기회를 주셨으며, 제가 하고자 하는 일이면 언제나 제 편이 되어 지원을 아끼지 않으셨습니다.

험한 세상에서 제 몫을 찾아 강건하게 살기를 바라셨던 부모님의 소망처럼 강한 의지력을 가지고 소녀 시절을 보냈습니다.

고등학교를 졸업한 후 부모님의 품을 떠나 본격적인 독립생활을 시작하면서 자연스럽게 자립심을 키울 수 있었으며 자유를 만끽하되 방종하지 않기 위해 철저한 시간 관리를 통해 계획적인 생활을 하려고 노력했습니다.

힘들고 어려운 일도 많았지만 혼자 생활해 나가면서 문제 해결 능력과 제 인생에 대한 책임감을 가질 수 있게 되었습니다.


● 맞벌이로 가게를 운영하시는 부모님은 집보다는 가게에서 보내는 시간이 많았기 때문에 어린 시절, 저와 여동생은 큰 일이나 작은 일이나 모두 스스로 알아서 하는 습관을 가지게 되었습니다. 그로 인해 자연스럽게 자립심이 길러졌으며 저는 부모님을 대신해서 여동생을 보살피는 몫까지 해내면서 듬직하고 믿음직스러운 장남으로 성장했습니다. 정직하고 근면하게 생활을 꾸려 가시는 부

모님을 통해 주어진 일과 상황에서 최선의 노력을 다하려는 의지를 다졌습니다. 또한, 어떤 일이 있더라도 꿈을 잃지 않고 꿈을 갖고 당당하고 자신 있게 살라고 말씀하신 부모님의 뜻대로 하고 싶은 분야에서 마음껏 기량을 펼칠 수 있으며 어떤 일이든 적극적으로 도전하는 사고방식을 가지려고 노력했습니다.

가족에 대한 믿음과 신뢰가 많았으므로 얼굴 마주치는 시간이 적었음에도 단란하고 즐거운 가정 분위기를 유지할 수 있었으며 부모님은 언제나 제게 달콤한 사탕발림보다는 쓰디쓴 약처럼 유익한 조언과 충고들을 아끼지 않으셨습니다.


● 단란하고 행복한 가정에서 자란. 저는 사랑으로 자식을 가르치신 부모님, 그리고 언제나 저에게 훌륭한 모범을 보였던 형의 따뜻한 보살핌과 사랑을 받으며 자랐습니다.

행복이 새록새록 솟아나는 가정에서 자란 덕분에 모나지 않고 반듯하고 건실하게 자랐습니다. 무엇 하나 내세울 만큼 훌륭한 집안은 아니지만, 가족들 모두 화목과 사랑으로 똘똘 뭉쳐 있으므로 언제나 저에게 든든하고 큰 힘이 되었습니다.

언제부터였는지 확실하게 기억되지 않지만, 정직하고 솔직한 숫자의 세계에 남보다 더 관심을 갖게 되었습니다. 숫자에서 저는 인생을 터득하고자 했고 삶의 진리를 발견하고자 했습니다. 그 결과 중학교 때 수학경시대회에서 동상을 수상하게 되었습니다. 그 이후로 저는 더 자신감이 생겼고 수학에 대해선 누구보다 자신 있다는 생각으로 ○○대학교 수학과에 입학하게 되었습니다. 지금까지 학창 시절 배웠던 여러 수 이론들을 현실에 적용하고 새로운 법칙을 세우는 수학의 세계에 흠뻑 빠져 캠퍼스 생활을 재미있게 보낼 수 있었으며, 환경 쪽에도 관심이 많아 대학시절 환경동아리에서 활동하기도 했습니다. 그곳에서 한 자연보호운동, 환경정화활동을 동해 자연의 소중함과 친구와 선배의 소중함을 깨우칠 수 있는 계기가 되었습니다.

● 저의 성장기에는 언제나 '기본을 알고 지킨다' 는 아버님의 생활 철학이 주류를 형성하고 있었습니다. 지금껏 태어나서부터 서울에서 자랐습니다. 가족은 아버지와 어머니 그리고 언니 이렇게 네 식구입니다. 언니와 저는 자주 싸웠는데 제가 무슨 일이든 처음부터 끝까지 다 해야 직성이 풀리는 성격이므로 언니는 저에게 욕심이 많아 걱정이라고 말합니다. 반대로 어머니는 '어떤 것이든 욕심이 많아야 큰 사람' 이 된다고 말씀하셨고 저는 하고 싶은 일이면 꼭 하고야 마는 똑순이로 자랐습니다. 그러나 어머니는 항상 남을 먼저 생각하고 그 일이 남에게 피해를 주지 않는 일인 경우만 실천할 수 있다고 가르쳐 주셨고 저의 생각이나 결정에 적극적으로 지지해 주시는 저의 영원한 후원자이십니다. 어릴 때 아버지가 저에게 큰 역할을 하셨다면 어머니는 여성으로서 저에게 많은 도움을 주시는 것 같습니다. 어머니의 헌신적인 사랑과 크나큰 역할로 그분이 무엇을 저희에게 희생하셨는지 크면서 느끼게 되었

습니다.

● 초등학교 5학년 때 자식들 교육을 위해 다니시던 직장을 그만두시고 무작정 서울로 올라오신 아버지께서는, 기댈 곳 없는 타향 생활에서 오로지 아버지의 노력과 기술로만 오늘을 일구어 내셨습니다. 앉으나 서나 오직 남편과 자식들만을 생각하시는 어머니께서는 전형적인 한국의 어머니상으로 꾸밈이 없는 순박하신 분이십니다.

아버지께서 직장에 다니면서 피땀 흘려 벌어오신 돈을, 어린 나이에 간염에 걸려 고생하는 저를 위해 다 쓰셨지만, 아무 원망이나 싫은 내색 없이 그저 제 병이 낫기만을 바라셨던 사랑 덕분에 병이 완치되어 지금은 아주 건강하게 잘 지내고 있습니다. 아무 조건 없는 사랑을 주시는 부모님의 은혜는 결코 잊지 못할 것입니다.

● ○○년 경북 영주에서 네 아들 중 막내로 태어난 저는 서점을 경영하시는 부모님의 영향 때문인지 상상에 잠겨 공상의 세계를 넘나들며 어린 시절을 보냈으며 제게 있어 서점은 책이라는 풍성한 보물을 갖춘 보물섬이었습니다. 책을 통해 얻을 수 있는 지식이 전부가 아니었으며 경영이라는 단어의 의미조차 몰랐던 때였지만 제 나름대로의 원칙을 세워 친구들을 상대로 장사라는 걸 해 보았습니다.

'신간은 단골친구부터, 대여료는 싸고 연체료는 비싸게, 이익을 얻는 만큼 베풀자'는 세 가지 원칙을 고수하며 친구들에게 서점의 책들을 대여해 주고 용돈을 벌었습니다. 그래서 친구들과 주위 사람들로부터 부사장이라는 별명까지 얻었으며 그때의 경험은 돈을 벌었다는 것 이상이었으며 상품 판매의 흥미로움을 느낄 수 있었던 좋은 경험이었습니다.

● 사업을 하시는 아버지와 가사를 돌보시는 어머니는 민주적이고 진보적인 분위기와 각자의 개성을 존중하는 환경을 만들어 주셨고, 그 울타리 속에서 두 명의 언니와 남동생과 함께 즐겁고 단란한 어린 시절을 보낼 수 있었습니다.

형제가 없어 외로운 가정생활을 하는 친구들을 보면서 다복한 가족을 갖게 된 것에 언제나 감사하는 마음을 가졌으며 서로를 이해하는 마음가짐과 양보하는 미덕, 배려하는 태도 등의 습관이 몸에 배이면서 학창 시절 단체생활에 있어서도 많은 도움을 받을 수 있었습니다.

부모님은 스스로의 능력을 계발하고, 변화를 거듭해 나가는 사회 속에서 흔들리지 않는 자신만의 가치관을 확립할 수 있도록 최대한 지원과 조언을 해 주셨으며 더불어 도덕적이고 올바른 사고방식을 갖춘 사람이 될 수 있도록 엄한 가정교육도 병행하셨습니다. 부모님의 기대에 맞는 건강한 사고방식과 뚜렷한 목표의식을 가진 사람으로 성장하기 위해 제 능력을 키우고 목표를 위해 노력을 아끼지 않았으며 매사에 긍정적인 사고방식을 지니게 되었습니다.

# 2
## 성격의 장단점

● 단란한 집안의 막내딸이라 부모님들의 사랑과 관심 속에 행복한 어린 시절을 보내서인지 어디에서나 밝고 명랑한 성격으로 좋은 평가를 받았으며, 어느 누구와도 잘 어울렸으며 사고의 폭이 넓고 깊어 누구와도 대화가 잘 통해 대학에서 한 학번 차가 많은 선후배와도 거리감 없이 친밀한 인간관계를 맺을 수 있었습니다.

일에 있어서는 깔끔하고 완벽한 일처리 능력을 가진 어머니를 쏙 빼닮아서 준비 단계부터 세밀하고 완벽한 계획으로 임합니다. 한번 시작한 일은 시간이 걸리더라도 제 힘으로 완수하려는 고집과 끈기가 있어서 주변사람들로부터 책임감 있는 성실한 사람이라고 인정을 받지만 고집이 세 자기 중심적이라는 단점도 갖고 있어 타인의 의견을 수렴하고 존중하며 배려하는 마음가짐으로 개선하려는 노력도 하고 있습니다.

● 한번 결심한 일에 대하여는 끝까지 성취하고야 마는 성격입

니다. 그런 성격 탓에 한가지 일에 몰두할 경우에 다른 일에 대하여는 소홀히하는 경향이 있어 이 점을 개선시키려고 꾸준히 노력 중입니다. 이렇게 하여 얻어진 개선 노력의 결실을 보았을 때 느끼는 보람은 도전하지 않으면 얻을 수 없는 값진 것이라고 생각합니다.

● 옛어른들은 넓고 크게 보아야 큰 그릇이 된다고 했습니다. 하지만 저는 놓치기 쉬운 아주 작은 것에 관심을 잘 가지며 세밀하게 관찰하는 버릇이 있습니다. 미술로 비유하자면 소묘는 잘 할지라도, 터치가 과감한 수채화는 소질이 없다는 것이고, 수학으로 비유하자면 미분은 잘 하나 적분의 마지막 모습은 생각하기도 힘들다는 것입니다. 반면 빈틈없는 침착성과 세밀함으로 어떤 작업에서라도 완벽을 기하고자 하는 버릇은 저의 장점이라고 생각합니다.

● 시간관리에 성공한 사람이 인생의 승리자가 된다는 생각을 항상 잊지 않고 있으며 오늘 하루가 삶의 전부라는 생각으로 순간순간 최선을 다하며 항상 일의 순서를 정해 우선 순위부터 처리하는 습관을 기를 만큼 시간관리에 철저합니다.
운동을 좋아하며 활발하고 적극적인 성격으로 많은 시간을 다른 사람들과 어울리는 것에 할애하는 제게 인간 관계를 지속적으로 유지하는 데 필요한 미덕을 갖추고 있다는 것은 소중한 재산입니다. 제 마음을 먼저 열지 않으면 절대 타인의 마음을 열 수 없다는 것을 알기에 언제나 가식적인 모습이 아닌 솔직하고 믿음을 줄 수 있는 태도로 인간 관계를 시작합니다.

말이 가벼운 사람이 되지 않기 위해 신중하고 침착한 태도로 몇 번의 생각을 거쳐 말을 하는 습관을 기르고 있으며 '언행일치'가 되는 진중한 사람이 되기 위해 노력하고 있습니다.


● 현재의 자리에 충실한 사람이 되기 위해 늘 노력하고 있습니다. 부모님과 떨어져 혼자 있는 시간이 많아질수록 언제나 제가 믿고 의지하는 것은 다른 사람이 아닌 제 자신이었습니다.

초등학교 시절 조숙했던 순간 순간에 말수가 적은 아이라는 이야기를 들은 적이 있습니다. 그러나 지금은 같은 생각을 공유하며 누구와도 공감을 잘하여 그들과 함께 이야기하는 것을 무엇보다도 즐겨합니다.

중학교 때 반 전체가 조별 연극연습을 할 때였습니다. 다른 조 아이들은 준비물이나 대사 연습 등을 하지 않아서 선생님한테 꾸중을 들었지만 우리 조는 소품이지만 연출이 꼼꼼하다며 오히려 칭찬을 받았습니다. 그때 난 연기자가 아닌 감독으로 모든 소품을 직접 만들었는데 선생님께서 손재주가 있다고 말씀하시어 더 열심히 한 기억이 납니다.


● 남을 배려하는 마음과 포용력이 있기에 사람들로부터 편안하

다는 말을 많이 들으며 자랐습니다. 어떤 일을 하건 매사에 성실하게 최선을 다하려고 노력하는 스타일이며 인내심과 끈기가 있어 한번 시작한 일은 중도에 포기하는 일 없이 깔끔하게 마무리짓습니다.

학창 시절부터 성취욕이 강했고 직장 생활을 하면서 대학원에 진학해서 사회 생활과 학업을 병행하면서도 언제나 의욕에 넘치는 생활을 할 만큼 열정적이고 진취적이었습니다.

항상 밝은 모습으로 사람들을 대하고 긍정적인 사고방식으로 즐겁게 생활하려고 하며 눈앞의 이익보다는 장기적인 안목을 가지려고 노력합니다.

단점이 있다면 남성적인 면보다 여성적인 면이 강해 감정이 풍부하여 사람 사이의 정에 연연하는 성격이라 손해를 보는 경우도 많으며 감정에 치우쳐 잘못된 결정을 내리는 경우도 가끔 있습니다. 사회 생활을 하면서부터는 좀더 객관적인 판단력과 이성적인 사고방식을 지니는 방향으로 개선하려 노력하고 있습니다.


● 저는 차분하고 조용한 성격으로 묵묵하게 노력하는 스타일이며 마음을 숨기지 못하는 솔직 담백한 면도 갖고 있습니다. 무엇을 하든 초심을 잃지 않고, 고른 마음가짐으로 임하는 편이며 매사에 서두르지 않고 신중한 태도를 유지합니다.

적극적으로 사람들에게 다가가는 스타일은 아니지만 한번 인연을 맺으면 끈기 있게 그 만남을 지속하려고 노력합니다. 다른 사람과 함께 하는 일에 있어서는 독단적인 의견을 내세우기보다 타인의 의견을 배려하고 수용하는 성향이 강하며, 힘든 일도 스스로 처리하려고 노력하는 타입입니다.

확고한 목표가 정해지면 의욕적으로 일하는 성격이며 성실하고 책임감이 강해 한번 시작한 일은 최고의 성과를 거두기 위해 최선의 노력을 다합니다.


● 성격은 활발하고 적극적인 편입니다. 그리고 맡은 바 일을 어떤 어려움이 있어도 완성하려는 성취욕과 승부욕은 강한 편입니다. 한마디로 욕심이 좀 많은 편이라 간혹 타인과의 경쟁에서 이기려고 집착하는 면모를 보이기도 합니다. 타인과의 경쟁에서 모날 정도로 집착하지는 않지만, 혹시라도 타인에게 피해를 줄까 봐 언제나 남을 생각하고 배려하고자 노력하고 있습니다. 저의 강한 승부욕과 근성은 완벽하고 깔끔한 일 수행으로 자주 교수님들과 선배들에게 칭찬을 받고 있습니다.


● 고등학교 때부터 저는 책을 읽는 것을 좋아했으며 책에 대해서 많은 관심을 가지고 있었기 때문에 대학교를 결정하는 데 무엇보다도 학과를 보고 대학교를 결정하게 되었습니다.

○○대학교 문헌정보학과에 입학하여 문헌정보학과가 무엇을 전공하는 학과이며 내가 앞으로 어떤 방향으로 나가야 할지 생각하게 되었습니다. 대학교에 다니면서 많은 학생들이 자격증에 관심

196

을 가지고 있다는 사실을 알게 되었고 저 또한 문헌정보학과에 맞는 자격증에 도전하게 되었고 정사서 2급 자격증을 취득하게 되었습니다. 그리고 뜻하지 않은 제의가 들어와 대학교를 졸업하기 전에 비서 업무를 하게 되었습니다. 처음엔 무척이나 낯설고 힘들었지만 저에게 잠재해 있던 알지 못한 재능을 깨닫게 되었고 지금 저는 제 일에 자부심을 가지고 있습니다.

200△년부터 한국○○공사 연수원장 비서 업무를 시작하면서 그곳 본사 사장 비서실과 연구소에서도 일하였습니다.

현재는 한국○○연구원의 ○○ 연구부 부장 비서로 비서 업무를 담당하고 있습니다.


● 저는 항상 무슨 일을 시작할 때 '한번 해보자' 라고 습관적으로 말하곤 합니다. 아무것도 시작하지 않고 현실에 안주하기보다는, 실패하더라도 일단 부딪혀 시도해 보는 것이 더 낫다고 생각합니다. 또한 '제게 주어진 시간 일분 일초라도 소중히 여기고, 주어진 일에 맡은 바 책임을 다하며, 공익을 위해서는 자신을 희생할 줄 아는 사람이 되자' 는 생활 신조를 가지고 하루 하루를 성실하게 최선을 다하며 살아가고 있습니다.

학생회 회장과 임원을 역임하면서 원만한 대인관계를 유지해 온 저는 사람들과 어울려 함께 일하고 즐기는 것을 매우 좋아하는 활발한 성격의 소유자입니다.

● 저는 호기심과 나름대로의 뚜렷한 가치관을 바탕으로 어떤 일이든 일단 도전해 보는 스타일입니다. 자신감 부족으로 시작하기도 전에 포기하거나 시간이 없다는 핑계로 미루거나 하지 않았으며, 일단 일을 시작하게 되면 실패냐 성공이냐의 성패를 떠나 제게는 돈으로 살 수 없는 소중한 경험과 자신의 발전을 얻게 되었습니다. 그래서 술과 담배, 연애 경험도 일찍 시작했지만 흔들림 없는 가치관으로 제 자신을 잃어버린 적은 없었습니다.

저를 가장 잘 아는 친구들은 새로운 일에 대한 궁금증이 생기면 이런 이유로 항상 저를 찾곤 합니다. 때론 저돌적이라고 할 만큼 추진력과 결단력도 갖고 있으며 적극적인 태도와 완벽을 가하는 성격으로 모든 일에 있어서 유종의 미를 거두려고 노력하고 있습니다.

한번 시작한 일에는 열성적으로 능력을 발휘하고 꼼꼼하고 섬세한 업무처리로 완벽한 결과를 도출해 내려는 노력도 아끼지 않습니다. 다만 융통성이 부족한 단점을 갖고 있어 다른 사람의 작은 실수에 화부터 내서 감정을 다치게 하는 경우가 있지만 그 점을 개선하기 위해 끊임없이 노력하고 있습니다.

# 3
## 회사의 지원 동기


● 디지털 첨단화 시대를 이끄는 핵심 분야인 IT업계에서 선도적인 역할을 담당하고 있는 귀사의 무한한 발전 가도에 원동력이 되고 싶습니다. 혈연, 지연, 학연에 얽매어 있는 기업의 해묵은 관향을 깨고, 능력과 경쟁력을 갖춘 인재를 양성하는 기업만이 낙오하지 않고 이 시대의 선두기업으로 생존할 수 있다는 것을 누구보다 잘 알고 있습니다.

더욱이 새로운 패러다임으로의 전환이 스피디하게 이루어지고 있는 이 시대에 귀사가 원하는 인재상이 누구나 아는 지식을 그대로 적용하는 사람이 아닌 그것을 바탕으로 능동적이고 창조적으로 활용할 줄 아는 사람임을 알기에 망설임 없이 지원합니다.


● 고등 학교때는 기숙사 생활을 하였습니다. 그로 인해 자립심을 키울 수 있었고, 여러 사람들과의 공동체 생활은 타인을 배려하는 마음을 갖게 했으며, 독립된 인격체로 성숙할 수 있는 계기

가 되었습니다. 컴퓨터에 대한 관심은 ○○대 전자상거래과의 진학으로 이어졌고, 전산에 대한 이론과 실기를 배우며 프로그래머의 꿈을 키워나갔습니다. 졸업 후, 프로그래머로서의 기량이 부족하다는 것을 느끼고 ○○에 지원하게 되었습니다. 6개월 동안 학원을 다니면서 자바와 xml을 공부하였습니다. 프로젝트를 진행하며 관리자 모드 부분을 맡게 되어 DB관리와 웹사이트의 전반적인 흐름에 대해 많은 것을 파악할 수 있었습니다.

● 세상 사람들이 모두 같은 모습에 같은 생각을 지닌다면 얼마나 무의미하겠습니까? 평범하게 살기 싫었던 저에게 결정적인 계기가 왔습니다. 고등학교때 ○○사의 광고용 그림을 제출한 후 선생님의 눈에 띄어 포토샵과 일러스트, 3D · Max를 배우게 되었습니다. 대학 4년 때에는 온종일 그래픽과 싸우는 날이 많아졌습니다. 어머니는 "엉덩이 커진다 고마해라" 하며 늘 핀잔을 주셨습니다만 그럴 때마다 전 이렇게 대답했습니다.

"걱정마세요. 전 제 엉덩이를 누구보다 사랑하고 이해하는 사람과 결혼할 테니까요, 어머니."

● 실패를 성공으로 이끄는 힘은 좌절이 아닌 희망으로 열정을 잃지 않고 도전하는 자세입니다. 제 대학 생활이 그랬습니다. 원하는 대학에 실패하고 ○○년 ○○대학교에 입학하면서 주위에 있던 많은 분들이 안타까워하며 재수하기를 권유했습니다. 하지만 1학년

을 다니면서 편입을 결정했고, 대학에서의 1학년은 교양을 닦는 시간이라며 헛되이 보내는 사람들과 달리 영어와 수학공부에 몰두하며 입시를 준비하는 고등학생 같은 집중력으로 결국 ○○대학교 토목공학과 편입시험에 합격하게 되었습니다. 제 의지로 목표달성을 위해 얻은 대학생활이었기에 남들보다 몇 배로 노력하였으며 특히 학업에 충실하였습니다.

● 군복무 시절 3개 사단이 함께 훈련을 받았고 그 훈련에서 저의 사단이 교육 분야에서 1등을 하였는데 그때 제가 한몫을 단단히 하였습니다. 그래서 제가 중대 대표로 뽑혀 대대장님으로부터 저희 대대에서 한해 동안 모범적인 사병에게 주는 표창장을 받았습니다. 어떤 자리에서나 존경받는 사람으로 남고 싶은 바람으로 늘 열정과 에너지를 아낌없이 투자하는 스타일이며 그런 모습은 근대에 들어가 교육계 행정직을 맡았을 때나 교회 봉사활동을 다니면서도 어김없이 발휘되었습니다.

● 사회 생활에 있어 가장 중요한 것은 바로 인간 관계라 생각합니다. 누구에게나 편안한 인상으로 대하고 싶은 저만의 욕심이 있습니다. 그런 까닭에 그들에게 먼저 털털한 제 모습을 보여줄 수 있도록 노력하고 있습니다. 또한 자신을 믿고 용기를 낸다면 어려운 일이라도 헤쳐나갈 수 있다는 확신을 가지고 있습니다. 그러한 확신과 믿음을 제 것으로 만들어 가기까지 짧은 기간이었으

나 사회와 다양한 사람들에 대해 많은 것을 배울 수 있었던 아르바이트 경험이 많은 부분에서 영향을 주었다고 생각합니다.

● 한때 언니가 일하고 있던 행정자치부에서 아르바이트를 한 적이 있었습니다. 비록 아르바이트였기 때문에 제가 할 수 있는 일은 제한되어 있었습니다만 그곳에서 많은 사람들을 만나고 접하면서, 사람들이 어떻게 만나 어떻게 이야기를 하면서 즐거워지고 유쾌해질 수 있는지를 배울 수 있었습니다.

단순히 스케줄을 계획하고 진행하는 데서 머물지 않고 사람을 대하는 모습과 그 사람을 대하기 위해 필요한 것을 준비하는 모습이 무엇보다도 인상적이었습니다. 한가지 일을 진행함에 있어 다른 많은 준비가 뒷받침되어야 일의 성과를 한 차원 더 올릴 수 있다는 것도 깨달았던 시간이었다고 생각합니다.

고시과에서 원서 접수를 하면서도 많은 수험생들에게 형식적인 말 한 마디보다는 수험표와 함께 주고받았던 "시험 잘 보세요"라는 짧은 말 한 마디에도 서로가 기분이 좋아지고 교감이 생기는 것을 확인할 수 있었습니다. 사람 마음은 사람이 제일 잘 알아준다고 하지요. 그걸 그때 알게 되었습니다.

● 학창 시절 유난히 관심이 많았으며 특히 영어를 좋아해서 일찌감치 진로를 정해 둔 상태였으며 고등학교 졸업 후 ○○대학교 영어영문학과에 입학했습니다.

부모님의 품을 떠나 타지에서 힘들고 고된 독립생활을 시작했지만 영어영문학에 대한 흥미와 관심으로 학업에 충실했으며 장학금을 받기도 했습니다. 더불어 자유롭게 개방적이며 책으로는 경험할 수 없는 소중하고 다양한 경험들을 쌓으며 다방면으로 제 역량을 키웠습니다. 대학에 이어 법학과 대학원을 졸업하고 ○○년 ○○당 중앙당 사무처 ○기 공채로 입사하면서 첫 직장생활을 시작했습니다. 여성국, 국제국 등에서 근무하면서 국내 및 국제정세 등에 관심을 가지게 되었으며 제게 부족한 부분을 채워가며 하루가 다르게 발전할 수 있었습니다. ○○년 ○○당에서 근무를 시작하면서 국제국에서 영문 홍보물 제작, 국제회의 주관, 정당교류를 위한 말레이시아, 베트남, 싱가포르 방문 등의 업무를 주로 담당했으며 기본적인 어학 실력을 바탕으로 해외교류를 비롯한 국제적인 업무에도 능동적이고 적극적으로 임할 수 있었습니다.

● 지식보다는 전문적인 기술로 제 역량을 키우겠다는 바람으로 ○○기능대학교 금형 기술학과에 입학했습니다. ○○기능대학교 금형과는 ○○년 국내 최초로 개설된 전통을 가진 만큼 이론적인 깊이와 핵심 기술의 전문화 모두 두루 겸비할 수 있었습니다.

쓸모 없는 졸업장이 아닌 유용하게 빛을 발하는 능력을 키우기 위해 학과공부에 성실하게 임했으며 금형의 조립, 제작 및 검사에 이르기까지 체계적인 전문지식을 바탕으로 사출금형산업기사 자격증을 취득했습니다.

대학 졸업 후 ○○년 ○○일 (주)○○○ 금형부에 입사한 뒤 금형 제작 업무를 담당했습니다.

최근에 소형화, 세밀화되고 있는 금형 부분의 추세에 따라 정교하고 섬세한 핵심 기술이 요구되었으며 그에 따라 늘 새로운 기술의 습득에 노력을 기울였고, 부족한 부분은 항상 배우는 자세로 임했습니다.

동료들과 인간적으로 친밀한 관계를 유지했으며 서로에 대한 신뢰와 이해를 바탕으로 최고의 팀웍을 자랑했고 만족스러운 업무 성과로 드러나기도 했습니다.

침착한 성격은 업무에 많은 도움을 주었으며 항상 사소한 실수 없이 완벽하게 일을 마무리하려고 노력했습니다.


● 저는 취미로 운동을 즐기는 편입니다. 좋아하는 운동으로는 농구와 당구가 있는데 하루에 한 시간은 반드시 운동을 하는 습관으로 친구들이 운동선수 아니냐고 놀리기도 합니다. 그러나 건강한 육체에서 강인하고 건강한 정신이 나올 수 있다는 생각에 아무리 바쁜 일이 있어도, 운동을 빠짐없이 꾸준히 하고 있습니다. 덕분에 며칠 밤을 꼬박 새우고 일을 해도 체력에 지장이 없을 정도로 강인한 체력을 유지하고 있습니다.

또한 세계화 시대에 뒤처지지 않기 위해 외국어와 컴퓨터 실력은 필수라 생각하여 학업과 자격증 공부 외에도 외국어와 컴퓨터 실력을 쌓고자 꾸준히 연마하였습니다. 그래서 지금은 남에게 뒤

쳐지지 않을 만큼의 영어 실력과 컴퓨터 실력을 갖추게 되었습니다.

● 다리는 건너도 한번 두드리고 가야 마음이 놓이는 성격 탓에 사람들은 너무나 신중하다고 합니다. 하지만 저는 한 번 선택한 길을 후회하지 않도록 하기 위해 신중히 선택할 뿐입니다. 그런 저의 신중한 모습이 사람들에게는 차분하게 보여지고 있다고 생각됩니다.

일에 대한 욕심이 많아 저는 처음부터 끝까지 제 손으로 꼼꼼히 체크하고 직접 확인하는 사람으로 치밀함과 정확성과 신속함을 저 자신에게 요구하고 실수하지 않도록 노력하는 편입니다. 성공하는 사람은 여러 가지 일들을 추진하면서 무엇이 먼저이고 무엇이 나중인지 센스 있게 판단하고 그런 판단을 할 수 있도록 철저히 준비하는 사람이라고 생각합니다.

'웃으면 복이 와요', '웃는 얼굴에 침 뱉으랴' 라는 말이 있는데 저는 항상 웃는 얼굴로 하루를 시작합니다. 상대편도 기분 좋고 저 자신도 하루가 기분이 좋기 때문입니다.

● 군대를 다녀오기 전까지는 그저 친구들과 어울리며 학교나 학생회 일에 그다지 많은 관심을 두지 않은 평범한 학생이었습니다. 그러나 복학해 다시 돌아온 학교는 개인주의자가 너무나 팽배해 있어 저에게 많은 실망감을 주었습니다. 그래서 비록 작은 힘

이지만 제가 몸담고 있는 학과만이라도 바꾸고 싶다는 생각에, 학생회장에 출마해 당선되어 저의 꿈을 펼칠 수 있었습니다. 당시만 해도 제가 속해 있는 학과의 실험실이나 기자재가 매우 부족한 형편이었고 이로 인해 저희 학과 학생들의 불편이 매우 심했었습니다. 그래서 저는 공대학장님을 비롯해 학교 여러 기관에 끊임없이 시설보완을 요구했고, 그 결과 지금은 아날로그 실험실을 비롯해 최첨단 시설을 설비한 넓은 공간과 기자재를 확보하게 되었습니다. 공부나 봉사활동, 연애까지 후회 없는 대학 생활을 보낸 저는, ○○첨단기술연구소 디지털 통신기술 1차 과정에 실습 조교를 ○○대 정보통신학과 실험 조교를 담당했습니다.

● ○○고등학교를 졸업하고 200△년에 ○○대학교 무역학과에 입학했습니다. 학창 시절에는 선배이자 친구로서 많은 조언을 아끼지 않았던 세 형들로부터 많은 것을 보고 느끼고 배웠습니다. 때론 아버지같은 인자함을 보여줬던 큰 형에게는 매사에 완벽을 기하는 정확한 일 처리 능력을, 둘째 형으로부터는 어떤 일자리에서나 자신을 표현할 줄 아는 개성적인 끼를 배웠으며 그리고 셋째 형의 폭넓은 친구 관계를 통해 인맥을 넓히는 노하우를 배웠습니다.

대학에서는 늘 관심이 많았던 경제분야에 대한 기본 지식을 비롯해 경제트렌드에 대한 정보를 놓치지 않고 습득했습니다. 또한 워낙 스포츠를 좋아해서 친구들을 비롯해 다양한 사람들과의 어울림을 가졌고, 적극적이고 활동적인 성격으로 인간관계를 넓혔습니다.

정보화 시대에 맞게 어떤 업무에서도 효율적인 작업을 완수할 수 있도록 하기 위해 사무자동화 산업기사 자격증도 취득했습니다. 200○년 ○○에서 올해 ○월까지는 어머니가 운영하시는 서점에서 본격적으로 일을 했습니다. 대형 서점이 들어서면서 경쟁관계에 놓였고 치열하게 판촉 전략을 펴나가면서 유통업의 매력에 흥미를 느꼈고 유통업에서 제 능력을 펼쳐보고 싶다는 동기 부여가 되기도 했습니다.

창의적이고 다각적으로 판매 계획을 수립하고 노력한 결과 ○개월 만에 매출을 ○배 성장시켰으며 제 능력을 인정받았습니다.

● 고등학교를 졸업하고 진로에 대한 확실한 방향을 정하지 못한 채 시간을 낭비했지만 우연한 기회에 인연이 닿아 ○○년 전통의 ○○간호보건대학교에 입학하게 되었습니다.

시간이 지날수록 인간을 사랑하는 마음을 기본으로 하는 간호에 매력을 느꼈고, 학과 공부에 전념하며 즐거운 대학 생활을 보낼 수 있었습니다. 또한 대학시절 내내 다양한 봉사활동에 참여하면서 부족하지만 제가 키운 간호 실력을 통해 사람들에게 희망을 줄 수 있는 보람된 시간을 가지기도 했습니다. 특히, ○○ 복지회관의 외국인 근로자 진료 봉사활동은 제가 일하는 의미를 찾게 해준 경험이었으며 앞으로도 계속 해나갈 생각입니다.

타국에서 고달프고 어려운 생활을 꾸려 나가고 있는 외국인 근로자에게 저는 가족 같은 따뜻한 간호를 전해주기 위해 노력했으며 감사하다는 말 한 마디보다 성심성의를 다한 진료 끝에 보는 그들의 웃음은 어떤 것으로도 형용할 수 없는 보람과 기쁨을 주었던 소중한 시간들이었습니다.

● 한국○○대학교에서 법학과에 입학하여 채권 분야를 공부하면서 자연스럽게 증권분석 분야에 관심을 갖게 되었습니다. 그때는 막연히 더 공부를 해보고 싶다는 생각뿐이었는데, 직장 생활을 하면서 증권에 대해 깊이 있게 다뤄보고 싶다는 생각을 갖게 되었습니다. 특히 증권사에 관심 있는 분야는 체계적으로 증권사를 관리하거나 다양한 고객들을 만나 실제적으로 도움이 될 수 있는 관리팀이나 영업팀입니다. 그래서 제 나름대로 경제 흐름을 파악, 주식시세를 점쳐 보기도 하고 상장 기업을 예측, 분석해 보기도 하며 나스닥 지수와 다른 나라의 증권시세까지 관심을 갖게 되었습니다.

○○증권의 통합홈페이지인 ○○닷컴을 통해 증권 투자와 관련한 다양한 서비스를 제공하고 있다는 사실을 저는 알고 있습니다.

제가 귀사와 같은 큰 증권사에 입사하게 된다면 귀사를 고객이 신뢰하고 믿을 수 있는 증권사, 고객의 입장에서 생각할 수 있는 증권사로 만들고 싶습니다. 비단 증권사뿐 아니라 몇몇 기업은 정작 기업의 기초이자 기반이 되는 고객을 소홀히하는 경우가 있습니다. 저는 고액 투자자만이 우량 고객이라 생각하는 선입견에서 벗어나 개미 투자자들 하나 하나가 모두 소중한 증권사의 고객으로 생각하되 그런 마음가짐으로 임하겠습니다.

# 4
## 입사 후의 포부


● 언제나 신입사원의 마음가짐으로 배우고 노력하며 잠재 능력을 깨우는 데 몰두할 것이며, 쉼없이 변화를 겪는 시대의 흐름에 역행하지 않고 저 역시 발전에 가속도를 붙여 제 이름 석자만으로 빛을 내는 진주 같은 인재가 되겠습니다.

충실한 기본기를 바탕으로 유연한 사고와 도전정신으로 능력을 발휘해 끊임없이 제가 가진 가치를 창출해 내겠습니다.


● 프로그래밍은 정체되지 않고 도전할 것이 있다는 새로움과 자기 계발을 위해서 끊임없이 노력해야 한다는 점이 매력을 갖게 합니다. 같은 부분을 구현하더라도 고객의 입장에서 생각하고 좀더 효과적이고 간결하게 구현할 수 있는 능력을 갖추기 위해 노력하고 있으며 자신의 일을 누구보다도 사랑하는 일인자가 되는 것이 희망입니다. 프로젝트를 통해 실무에 적응할 수 있는 능력을 키웠다고 생각합니다. 이를 기반으로 개인적인 발전뿐만 아니라

조직안에서 조직과 함께 성장하고 싶습니다.


● 저는 딱 두 가지를 알고 있습니다. 그림을 그리고 시각을 맞추는 것이 너무도 행복하다. 그리고 삶의 질이 높아짐에 따라 시각의 중요성도 높아지고 순수 미술보다는 영상 예술이나 동적 그래픽이 더 활성화될 것입니다.

모든 것을 포괄적으로 고려해야 하는 경영자가 있는가 하면 분활하여 맡은 임무를 충실히 해내는 사원도 있어야 한다고 생각합니다. 비록 저의 단점으로 큰 그릇이 되지는 못할지라도 장점을 살려 작은 것에도 귀를 기울일 수 있는 사람이 되고자 노력하겠습니다.


● 월드컵 16강 실패로 아쉬움이 남아 있던 7월 눈에 띄는 인터뷰 기사를 보게 되었습니다.

어떤 자리에 배치되든 자기 것으로 소화해야 경쟁에서 살아남을 수 있다며 멀티플레이어 정신을 강조하던 ○○○ 회장님의 글이었습니다.

위기를 극복하고 21세기를 맞는 ○○건설의 저력을 익히 알고 있기에 뼈 있는 말로 느껴지던 그 기사는 제게 귀사에 끈기와 투지정신으로 도전하고픈 욕구를 불러일으켰습니다.

'노력은 배신하지 않는다.' 는 좌우명처럼 실력을 갖추었으되 매 순간 최선의 노력으로 귀사가 글로벌시대에 3G(Global, Great,

211

Good) 회사가 되도록 하겠습니다.

토목공학과에서 공부를 하면서 강의실에서의 이론적 지식을 산업시찰과 같은 현장답사를 통해 실무로 연결시키는 경험을 가지며 무엇보다 우리 삶 전반에 걸쳐 토목의 광범위한 활용도와 중요성에 제가 가진 꿈에 대한 확신과 야망을 갖게 되었습니다. 대학 생활을 통해 공사 전반의 흐름에서의 끊임없는 협의를 통해 이루어지는 업무의 특성상 요구되는 원만한 대인 관계도 갖추고 있습니다. 이를 바탕으로 첨단의 새로운 공법과 장비 등에 대한 새로운 기술을 신속하게 습득하여, 변화에 적응하는 배움의 자세를 잃지 않겠습니다.

상기 내용은 사실과 다름 없음을 확인합니다.


● 쉽게 만나고 헤어지는 사람들이 많아졌다는 이야기를 들은 적이 있습니다. 그렇긴 합니다만 인연은 언제고 또다시 만나게 되어 있다는 말도 가슴에 와 닿는 문구입니다. 서로가 다른 환경에서 오랜 시간 길들어진 채 살아온 이들이 만나는 과정에서 불꽃도 튀고, 꽃 향기도 난다고 비유하지만 중요한 것은 그 순간에 서로에게 진하게 녹아드는 사랑과 정이라고 생각합니다.

커플 매니저의 일은 사람의 마음을 들여다보는 섬세한 장점을 살리는 동시에 자신을 낮추고 상대를 위할 줄 아는 서비스정신까지 모두 가슴에 하나 가득 품을 수 있는 다양한 능력을 요구하는 분야라고 생각합니다.

무엇보다도 고객의 이야기를 얼마나 세심하게 잘 들어주느냐 하는 것과 함께 그 사람을 어느 정도까지 심도 있게 이해할 수 있느냐 하는 것이 중요하다고 생각합니다. 상대의 마음을 열기 위해서는 자신을 솔직하게 알리고 먼저 마음을 열어야 한다는 것을 알고 있습니다. 낯선 이들을 만나 서로 알게 도와주는 일은 어려운 일이라고 생각합니다만 그만큼 보람 있고 각별한 매력이 있다고 생각해 왔습니다.

쌍둥이가 아닌 이상 외적으로 봐도 똑같은 사람들은 없습니다. 그들의 마음속에 품은 가치관과 생각도 역시 같지 않겠지요. 모두들 개성이 강하고 가치관이 뚜렷하다는 생각을 했습니다. 그들의 다양한 개성들을 골고루 읽고 헤아려야 하는 일이 바로 제가 하고자 하는 일이며, 바로 커플매니저의 일이 아닌가 생각합니다.

귀사의 CEO경영 철학이 어떠한 만남에도 사랑과 정이 있다는 인간적인 대화를 기본 바탕으로 한다는 점에서 공감을 하며 용기를 내어 이 글을 쓰고 있습니다.

사람들이 서로 만나고 행복해지는 순간을 위하여 또한 제 자신의 믿음을 확인하기 위해 올 겨울 사람과 사람의 마음을 이어주며 귀한 선물을 나눠주는 커플 매니저 일에 도전하고자 합니다. 이제 마지막을 향해가는 순간 손을 번쩍 들고 큰 소리로 말합니다.

● 21세기는 속도의 시대라 할 만큼 모든 것이 빠르게 변하고 있으며 국제적인 교류도 급진전되기에 무역의 중요성이 어느 때보

다 강조되고 있습니다.

○○년 간의 직장 생활을 그만두고 과감하게 새로운 분야에 도전하게 된 것도 그런 국제 정세의 흐름을 리드할 수 있는 적극적이고 능동적인 사람이 되고 싶었던 이유이며 무엇보다 직장 생활을 통해 어학 실력과 국제적인 감각을 키웠기에 새롭지만 두려움보다는 자신감으로 귀사에 지원하게 되었습니다.

귀사에 입사의 기회를 주신다면 트랜드의 흐름을 주도할 수 있는 인재가 되어 고객의 요구를 정확하고 신속하게 파악하는 안목을 가지고 해외 영업을 주도해 나가겠습니다.

미래지향적이고 진취적인 사고방식과 다각적이고 창조적인 영업전략을 펼치며 귀사에서 가장 가치 있는 사원으로 인정받을 수 있도록 최선의 노력을 다하겠습니다.


● 과거에 물류는 생산과 판매를 위한 보조 수단이었지만 현재는 기업 경영의 3대 요소에 포함될 만큼 그 비중이 커졌으며 물류의 중요성에 대한 관심도 높아졌습니다.

생산의 첫 단계에서 마지막단계까지 아우르는 물류 분야는 이제 비용 절감이 아닌 가치 창출의 분야가 되었으며 오래 전부터 이 분야에서 제 능력을 발휘해 보고 싶었습니다. 아직은 걸음마 수준의 초보 지식을 가지고 있지만 제게 기회를 주신다면 물류 분야의 전문 지식을 습득하고 나아가 컨설팅을 할 수 있는 수준까지 제 능력을 이끌어 내겠습니다.

인생의 목표가 정해지면 당당하고 거침없이 도전하겠다는 각오를 다지고 있었기에 귀사의 일원이 되어 진취적인 마음가짐으로 즐겁게 일하고, 더불어 최고의 성과도 거두어 보고 싶습니다.

주인 의식을 갖고 내 일처럼 능동적으로 일하겠습니다. 던져지지 않은 주사위처럼 무한한 가능성을 지닌 미래를 향해 오늘 하루 최선의 노력을 다하겠으며 훗날 귀사와 함께 진한 성취감을 공유할 수 있도록 노력하겠습니다.

● 각종 대형 참사, 수해, 가뭄, 우발적 살해, 교통사고 등등 우리에게 언제 닥칠지 모르는 여러 위험한 상황들을 보면서 확률적으로 왜 그런 일이 발생하며 예비 방책이 무엇일까 치열한 고민을 한 적이 있습니다. 그 결과 위급 상황시 적재적소의 보험 투입 및 보험 산출하는 방식에 대해 자연스럽게 관심을 갖게 되었습니다. 그래서 학창 시절 보험 산업과 수학, 파이낸셜 등등 여러 가지 과목을 연계시켜 꾸준히 공부하였고 덕분에 한국보험계리 자격증과 ASA 코스 1을 딸 수 있었습니다.

귀사는 전 세계 시장을 무대로 하고 있으며 어떤 보험회사보다 튼튼하고 건실한 회사로 알려져 있었습니다. 앞으로 보험계리인 분야에서 최고가 되고 싶은 저에게 귀사의 선진기술은 큰 도움이 될 수 있으며, 귀사 또한 제 숨겨진 능력을 통해 한 단계 도약, 발전할 수 있을 것 같다는 생각에 지원하게 되었습니다. 귀사에 입사하게 된다면, 각종 위험의 분석과 시장조사를 통한 상품 개발,

상품 판매 전후에 손익 분석을 통한 정책 결정 등 위급 상황시 적절한 보험을 투입하고 산출할 수 있도록 최선을 다하여 보험회사의 브레인으로 통하는 유능한 사원이 되고 싶습니다.

그런 저, 임○○을 꼭 기억해 주십시오!! 기억하는 순간부터 귀사는 평생 회비 걱정 없는 보험, 귀사는 명성에 걸맞는 앞날을 책임질 젊은 피, 임○○이란 보험에 가입하게 되는 것입니다.

감사합니다.

● 여러 기업체에서 여성 인력들의 수명이 짧다는 기사를 읽었는데 제가 선택한 비서 업무는 여성으로서 인정받을 수 있는 좋은 직업이라고 생각합니다. 그리고 지금까지 지속해 온 일로써 저는 직업에 자부심을 갖고 있기 때문입니다. 제가 경험한 비서의 역할은 겉으로 보면 화려하지만 뒤에서 모시는 분의 의견 존중, 업무 파악, 성격 파악, 그리고 모시는 분의 고충까지도 이해하고 배려하는 자세가 필요하다고 봅니다.

● 개인 휴대폰 사용자가 3,000만 명이 넘는 그야말로 '무선통신 시대'를 살고 있는 현대 사회에서, 휴대폰 기술을 그 나라의 정보통신 수준을 보여주는 최첨단 기술의 집약체라 말할 수 있습니다. 어려서부터 컴퓨터를 좋아하고 프로그램 개발에 관심이 많았던 저는, 주위에 단말기 분야에서 일하는 선후배들을 보면서 특히 휴대폰 관련 하드웨어 개발 기술자가 되고 싶다는 생각에, 우리나

라 최고의 휴대폰 개발 및 제조업체인 '○○'에 많은 관심을 갖게 되었습니다. 휴대폰 기술과 관련해 이 분야에서 최고의 기술을 자랑하는 ○○에서, 그 동안 제가 배운 지식과 경험을 바탕으로 최고의 기술 개발자가 되고 싶습니다.

● 선진 유통업체의 국내 진출로 국내 유통업체의 전문화, 선진 기술 도입이 필수 과제가 되었으며 유통 시장은 생존 경쟁으로 치열해지고 있습니다. 유통업에 있어 중요한 것은 다양한 유통 채널에 맞춘 온·오프라인 양방향 서비스의 실시, 효율성 증대를 위한 업무의 첨단화, 소비자 생활패턴의 변화로 인한 세부적이고 정교한 정보의 확보 그리고 전문 인력의 양산이라고 생각합니다.

짧은 시간 유통업무를 경험했었지만 알찬 시간들이었으며, 첨단화에 맞추어 업무처리 능력도 갖추었습니다. 또한 유통업체의 전략은 시시각각 변하게 되더라도 변하지 않아야 할 것은 고객 만족 경영이라는 생각으로 투철한 고객 만족을 이끌어 내기 위해 긍정적인 자세로 고객의 신뢰를 받는 사원이 될 것을 약속드립니다.

성실하고 책임감 있는 태도를 갖추고 늘 발전하는 모습을 보여드릴 것이며 귀사에 필요한 인재로 자리매김할 수 있도록 노력하겠습니다.

● 세상은 혼자 살아가는 것이 아니라 더불어 살아간다는 가장 기본적인 사실을 잊고 사는 사람들이 많습니다. 내가 사회에서 얻

는 지위, 명예, 혹은 금전적인 부는 나 혼자만의 노력이 아니라 많은 사람들의 도움이 있었기에 가능하다는 것을 간과하지 않으려고 합니다. 때문에 내가 얻은 만큼 베풀고 나눌 수 있는 따뜻하고 풍요로운 마음가짐으로 인생을 살아가기 위해 항상 노력하고 있습니다. 더불어 진실은 항상 통한다는 생각으로 세상을 향해, 사람을 향해 솔직하고 정직하게 다가가고 반듯하게 살아가기 위해 노력할 것입니다.

간호사라는 직업이 갖는 의미는 특별해야 한다고 생각합니다. 다른 직업처럼 자아 실현이나 생계 유지를 위한 직업이라기보다 봉사와 사랑을 실천이 우선시되어야 합니다. 그러기 위해서 인간에 대한 이해를 바탕으로 진정한 사랑을 통해 올바른 간호가 실현될 수 있다고 믿고 행동으로 실천하기 위해 노력하고 있습니다.


● 어느 누구도 그 일을 직접 해보지 않는 한 그 사람이 그 분야에서 어떤 실력을 갖고 있는지 알 수 없다고 생각합니다. 그래서 회사에서 사원 선발을 할 때 심사숙고할 수밖에 없고 채용 후에도 그 사원의 능력이 어떠한지 모두들 궁금해하고 기대하곤 합니다.

저는 아직 가공되지 않은 젊고 팔팔한 생선입니다. 물론 경쟁이라는 도마 위, 수없이 많은 생선 중 하나로 끼어져 있을 것입니다. 그러나 그 도마 위에서 쓰레기통으로 직행하는 생선이 되고 싶지 않습니다. 저 또한 냄비에 넣어져 훌륭한 요리가 될 수 있습니다.

218

그렇다고 그냥 저냥 운이 좋아 도마 위에 걸려진 생선요리가 되고 싶지 않습니다. 그것은 보통 맛이 없는 생선 요리가 되어 먹는 사람들 모두에게 안 좋은 감정만 생기게 할 테니까요.

저는 멋진 생선요리가 되기 위해 깊은 바닷속에서 오랫동안 준비하고 기다려 왔습니다. 이미 주인의 까다로운 입맛을 맞추기 위해 필사의 노력을 다한 생선입니다. 그래서 윤기도 번지르르하고 때깔도 곱습니다. 눈은 초롱초롱하고 심지어 입바른 소리도 서슴지 않고 할 줄 아는 생선입니다. 그런 저를 한번 믿어 주십시오. 귀사에서라면 멋진 생선요리가 될 수 있습니다.

감사합니다.

# 5
## 지원 분야 선택 이유


● 대학에 진학한 오빠를 통해 컴퓨터에 흥미와 관심을 갖게 되면서 전문가로 성장하고 싶은 목표를 갖게 되어서 ○○대학교에서 컴퓨터 공학을 전공했습니다. 남자들이 독점적으로 재능을 발휘하고 있는 분야이고 여자인 제게는 힘든 작업이기도 했지만 섬세함과 정확함을 바탕으로 컴퓨터의 소프트웨어 및 하드웨어 전반에 걸친 이론적 지식과 기술들을 익히면서 성적 우수 장학금을 받기도 했고, 200○년에는 정보처리기사 자격을 취득했습니다. 통신 시장을 주도하게 될 CDMA를 비롯해서 무선 통신 사업 쪽에 관심을 갖고 있으며, 특히 정보통신의 최첨단 핵심 기술인 CDMA 2004 프로그램 개발 및 전산 업무는 제가 가장 도전하고 싶었던 분야입니다. 또한 수리 능력을 바탕으로 한 독창력, 종합적인 판단력을 비롯해서 창의적인 사고방식을 갖고 있어 시스템 개발 및 유지, 보수 작업에도 자질을 갖고 있습니다.

● 고기능 멀티미디어폰 시장에서 리더십을 발휘하고 있는 이

회사가 계속 세계적으로 리더십을 유지하기 위한 방법은 오직 '기술 개발' 밖에는 없다고 생각합니다. 언제나 미래에 대한 무한한 도전 정신을 가지고 '할 수 있다'는 믿음으로 노력하는 저는, 이 치열한 싸움터에서 최고의 기술자가 되고 싶습니다. 저에게 기회를 허락해 주신다면, 근성있고 책임감이 강하며 기본에 충실하고 매사에 철저하고 긍정적이며 동료를 배려하고 아낄 줄 아는 사원이 될 것을 약속 드립니다. 감사합니다.

● 대학 시절 정신병원 실습을 할 때, 세상과 단절된 생활을 하는 소외받은 그들을 간호하면서 그들에게 가장 필요한 사람이 되고 싶다는 강력한 소망과 의지를 가지게 되었고, 그때부터 가장 따뜻하고 훌륭한 간호사가 되기 위해 전문적인 기술과 역량을 키워왔습니다.

'하늘의 뜻을 받들어 인술을 펼쳐가는 고향'이라는 이념을 개원 이후부터 꾸준히 지켜온 ○○병원에서 환자의 아픔을 함께 하며 희생정신으로 그들을 치유하는 백의의 천사가 되고 싶습니다. 사람의 두 손으로 해낼 수 있는 가장 고귀한 일이 출산에 관한 것이라고 생각하기에 임산부와 새 생명을 돌보는 뜻 깊은 일에 최선의 노력을 다할 것이며 그들이 믿고 의지할 수 있는 간호사가 되고 싶습니다.

환자에게 건강을 되찾아 주는 의료인이기 전에 그들에게 헌신적인 사랑과 봉사의 마음가짐을 갖고 먼저 손을 내밀 것이며 항상 가장 가까이에서 환자들의 희망이 되어 주도록 노력하겠습니다.

221

# 6
## 희망하는 회사의 조직 문화

● 기업의 비전을 공유하며 그것을 바탕으로 자신의 역할에서의 책임감과 팀원 간의 조화를 이룰 수 있어야 한다고 생각합니다. 효율적인 근무 환경과 능률 향상에 장애가 되는 억압적이고 수직적인 조직 문화보다는 수평적이고 자유로운 분위기가 정착되었을 때 조직 내 의사소통도 원활해지고 조직을 활성화시킬 수 있으며, 사원들의 업무에 대한 집중력과 성과도 향상시킬 수 있다고 생각됩니다. 제가 입사를 하면 기업 이미지 향상에 긍정적인 영향을 가질 수 있도록 팀원 간의 협동심과 애사심으로 조직에 융화될 수 있는 유연성 있는 사원이 될 것입니다. 따라서 제가 입사하면 기업 이미지 향상은 물론 사회공헌하는 기업이 되는 데 유익하리라 생각합니다.

# 7
## 특기 사항


● 대학 3학년 때부터 '실버넷 운동'에 참여했습니다. 자치 단체에서 실시하는 노년층 대상 무료 인터넷 교육의 조교를 맡으면서 제가 그분들에게 가르쳐 드린 사소한 정보나 지식보다 더 중요한 부분을 그분들로부터 받았습니다. 배움에는 연령도, 장소도, 시간도 중요하지 않으며, 진지한 그분들의 눈빛과 서투르지만 열심히 해보겠다는 열정과 의지, 황혼의 나이에 능력을 키워나가는 아름다운 모습에 경외감을 느끼면서 저 역시 조금씩 발전하게 되었습니다.

● 제게 보람과 소중한 기억으로 남아 있는 것은 ○○여 일간의 유럽 배낭여행입니다. 영국, 프랑스, 스위스, 이탈리아, 독일 등에서 인종과 문화의 벽을 실감하면서 세계의 흐름을 직접 눈으로 보고 느낄 수 있었습니다. 비록 각 국의 언어가 달랐지만 학창 시절 닦은 영어 회화 실력을 시험할 수 있는 좋은 기회가 되었으며 상황 판단력과 문제 해결 능력을 키울 수 있었습니다.

반드시 취업이 보장되는
이력서&자기소개서 작성법

김용환 지음

2006년 12월 1일 초판 1쇄 인쇄
2006년 12월 8일 초판 1쇄 발행

**펴낸이** 마복남 | **펴낸곳** 버들미디어 | **등록** 제 10-1422호
주소 서울시 마포구 합정동 359-27
**전화** (02)338-6165 | 팩스(02)323-6166
E-mail : bba665@naver.com

※책값은 표지 뒷면에 표시되어 있습니다.